わたしの日本《ニッポン》学び

東北大学大学院文学研究科
講演・出版企画委員会
編

My learning in "Nippon"

Lecture Series in Humanities and Social Sciences Ⅸ

Lecture and Publication Planning Committee
in Graduate School of Arts and Letters at Tohoku University
Tohoku University Press, Sendai
ISBN978-4-86163-294-5

口絵①　巻子本（伝俊頼筆本『古今和歌集』複製）
〈本文 110 頁参照〉

口絵③　元永本『古今和歌集』（東京国立博物館蔵・国宝）、上・表紙
〈本文 113 頁参照〉
Image: TNM Image Archives

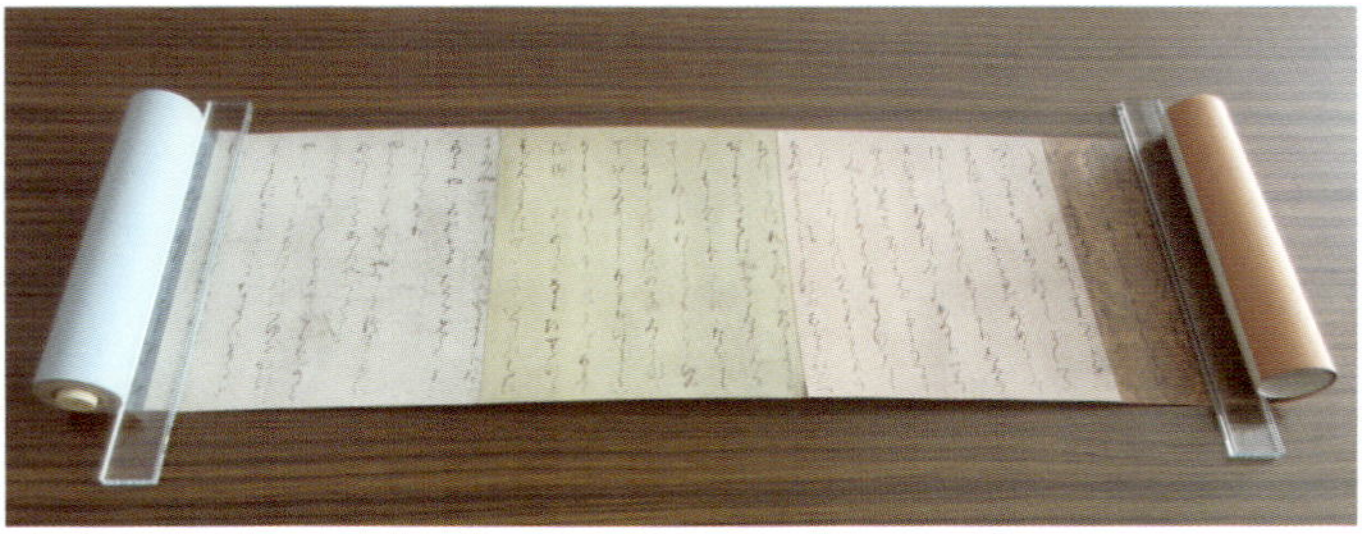

口絵②　巻子本（同）開いたところ　〈本文 111 頁参照〉

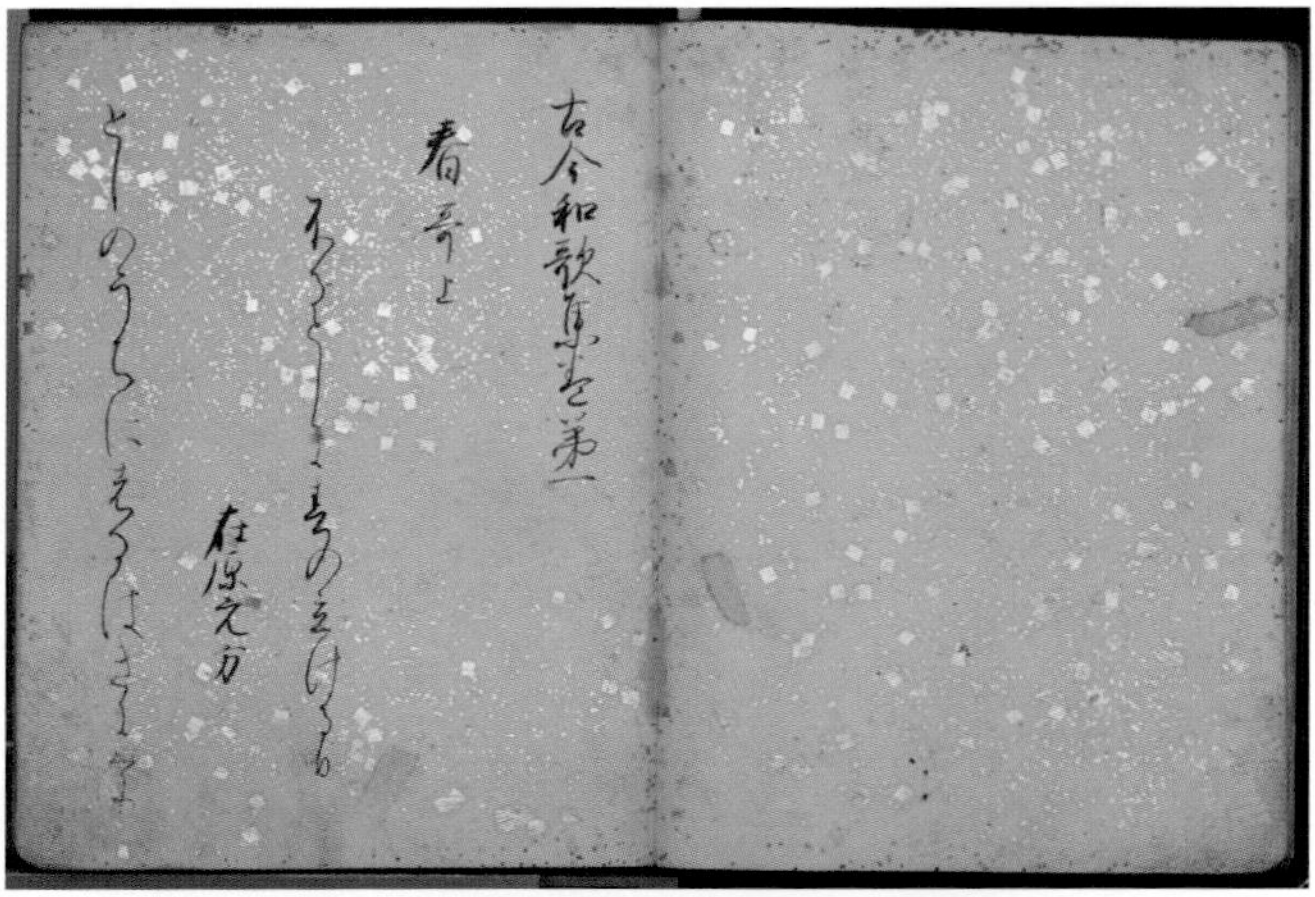

口絵④　元永本『古今和歌集』（東京国立博物館蔵・国宝）、
巻一冒頭部分（巻一春上 1）〈本文 114 頁参照〉
Image: TNM Image Archives

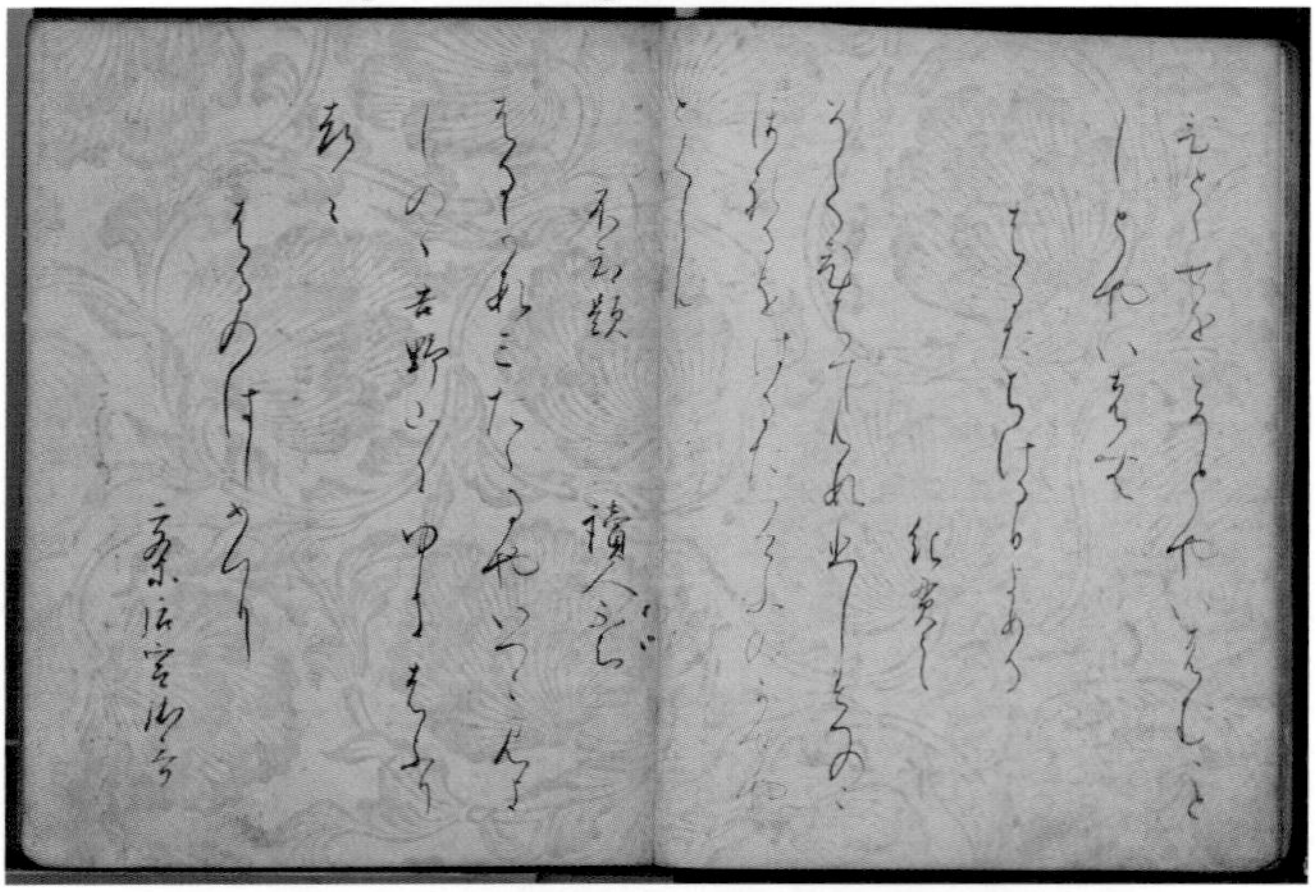

口絵⑤　元永本『古今和歌集』（東京国立博物館蔵・国宝）、
巻一冒頭部分（巻一春上 2）〈本文 115 頁参照〉
Image: TNM Image Archives

目次

東北大学大学院文学研究科
講演・出版企画委員会

今井　勉（代表）
後藤　斉
田中重人
鹿又喜隆
城戸　淳
齋藤智寛

企画協力

高橋章則

はじめに

『人文社会科学講演シリーズ』は、東北大学大学院文学研究科の教員による研究成果を広く一般読者の皆様に知っていただくことを目的に二〇〇六年から刊行が始まり、本書で第九冊目となります。本書に収録された各論考は、二〇一六年度の市民公開講座のうち第十五期有備館講座・第九期齋理蔵の講座の共通テーマ「わたしの日本《ニッポン》学び」で行われた講演を基にして執筆・編集されたものです。

富士山が世界文化遺産に、和食がユネスコ無形文化遺産に登録され、海外からの日本および日本文化への関心はますます高まりつつあります。こうした状況に向けて何か応答できることはないだろうかという問題意識から「わたしの日本《ニッポン》学び」というテーマが生まれました。なぜ、わざわざカタカナでニッポンとルビを振っているかというと、それは、日本および日本文化について、外国人として、あるいは外国人になったつもりで、今一度少し距離を置いて考え直してみようではないかという思いが含まれているからです。

本書の構成を述べておきましょう。まず、第1章と第2章では、文学研究科に所属する外国人教員二名の案内でグローバルな空間移動に立ち会います。イタリア人の西田哲学研究者は、自らの日本学びの道のりを蘇軾の漢詩に重ね、カナダ人の日本史研究者は、宮城県の一農村の歴史に世界史の投影を見ます。次に、第3章と第4章では、現代から一転して時間を遡り、日本を代表する古典文学の世界を巡ります。中国語を自在に操る日本人中国哲学研究者が『万葉集』における中国文化の影響を探り、古代日本語文法に精通する日本人日本語学研究者が『古今集』のレトリックを優雅にかつ冷徹に解剖します。そして、第5章では、再び現代に戻り、今や世界が注目する「和食」をめぐって、味と香りのメカニズムに詳しい日本人心理学研究者が、目から鱗の落ちる（?）驚きの講義を展開します。

前書きは短いほうがよいと信じる編者の言葉はここまでとします。あとは、読者の皆様に、本書の世界を実際に体験していただき、ニッポン再発見の旅を満喫していただくことを願っています。

二〇一七年七月

今井　勉

廬山烟雨浙江潮

エンリコ・フォンガロ

1　廬山烟雨浙江潮

エンリコ・フォンガロ

はじめに

「日本学《ニッポン》び」を題として、ここで私がお伝えすることができるのは、私が「外国人として日本にいながら、日本から何を学んだか」ということであると思います。しかし、この問いは一体何を意味しているのでしょうか？　そして「日本」とは何を指しているのでしょうか？　ここでは、「日本」とは「日本文化」を指していると考えられます。しかし、すると、そもそも「文化」とは何なのか、それも「日本」の「文化」とは何を意味しているのか？　という問いに再びぶつかります。

「文化人類学の父」といわれるイギリスの人類学者エドワード・バーネット・タイラー（Edward Burnett Tylor, 1832-1917）は、一八七一年に「文化」を「知識・信仰・芸術・法律・習俗・その他、社会の一員としての人の得る能力と習慣とを含む複雑な全体である。」と定義しました。[1] この古典的な定義は、文化という対象が何かをよく表していますが、もちろんその後も様々な社会学、哲学、人類学の立場からの定義がいくつか生まれました。しかし、先ずはタイラーの定義が明瞭で分かりやすいので、ここから出発することにします。ただし、このタイラーの定義は、「文化が何であるか」ということを説明していても、「なぜ人類が文化を創るのか」ということまでは触れていません。この問題に対する一つの答えはドイツ人哲学者のエルンスト・カッシーラー（Ernst Cassirer, 1874-1945）の著作の中に見られます。カッシーラーによれば、人間が文化を創る必然性は「死」に「意味」を与えるという試みであるとされています。カッシーラーは、各文化は「死の事実に対する熱烈な反抗」[2]であるとし、この反抗は何千年も前からずっと続くものであると述べました。死への不安に意味を与えるためには、人類が創造的になり、文化を色々な形に創っていく必要があります。人間は、その文化的な「形」によって、人生の無意味な混沌の中である程度生活できるようになるため、混沌を避けるための機能として考えれば、全ての「文化」は等しく上下のないものであると言うことができると思われます。

イタリアという、長い歴史と伝統が溢れる場所で生まれ育った私にとっては、タイラーの定義とカッシーラーの哲学的な文化の解釈は、一見して受け入れやすいものに思えます。おそらく、日本の方々にとっても、理解しやすい考え方なのではないかと思います。「文化」とは、歴史の中で定義され、常に時代の中で変化し続け、そのアイデンティティーを矛盾的なものにする色々な形の多様性を含むものと考えられます。しかし、「文化とは何か、なぜ存在するか」という問いにある程度答えることができたとすれば、次の問題は「どうやって文化というものが作られるか」ということになります。一つの文化が存在するためには、その文化を発見し、沈殿させ、継続するための「物語」が必要になります。つまり、その文化を宿す「言語」を持たなければならないと言うことができます。私が様々なことを学んできた日本文化とは、すなわち、非常に長い期間を経て生み出されてきたアイデンティティーと、それを決定する言語、つまり日本語を指すことになるのでしょう。

すると、今度は「日本語」とは何かという問題にぶつかります。東京で話されている共通的な言語でしょうか？　沖縄の方言を含む幅広いものでしょうか？　それとも、紫式部が使用した言語なのでしょうか？　どの言語も文化と同様に、常に変化し、多様的で矛盾的なアイデンティティーを持つと言えます。それは、ようやく決定されたと思ったと同時にまた否定されるもののようにも見えます。定義したいと思う「文化」の歴史に分け入れば入るほど、この「文化」がますますつかむことのできないものとなってしまいます。この私の文章は、多くは日本語を母語とする方々が読むものなので、今ここに書かれているものもまた「日本語」であると言えます。ですから、ここまでは、日本に関連させて話を進めてきましたが、当然、イタリアとイタリア語に関しても全く同じことが言えます。イタリア文化とは何なのでしょうか？　いつ「イタリア語」という言語が始まったのでしょうか？　例えば、古代ローマ時代にはイタリア文化と言えるものがどのくらいあったのでしょうか？　いえ、逆に考えた方が良いかもしれません。イタリア文化には古代ローマの文化がどのくらいあると言えるのでしょうか？　いつラテン語がイタリア語という言語に変わったと言えるのでしょうか？

このような疑問は全て、イタリア人として現代イタリア語の「イタリア文化」の枠内において物を考えている私にとってさえ答えにくいものです。しかし、いつも驚くのは、このような私が自分自身に与えることのできない解答が、イタリア人ではない他の人から、非常に自然に与えられることです。例えば、日本人やドイツ人の友達から、「あなたは本当にイタリアの人なんだねえ！」と言われることがあります。自分自身のことは自分では見えなくても他者の目には映っているようです。

私の場合の他者とは、日本でした。正確に言えば、生きている人も亡くなった人も含めた現在と過去の日本人となるでしょう。私が日本において、日本人と出会いながら学んだことは、自分自身が存在するためには他者が必要であるということです。別のことばで言えば、「文化」（カルチャー）が存在するのではなく、「間文化」（インターカルチャー）が存在するということです。つまり、どの文化も常に他の文化との「間」に存在し、そのおかげで成り立っているということです。もう少しうまく説明するために、日本の哲学者、西田幾多郎による書を引き合いに出してみたいと思います。彼の思想を理解するために初めて日本に来たのは、ずいぶん昔の話になります。

一　西田幾多郎と蘇軾の間

ここに示す西田による書は、蘇軾（1037-1101年）による次の漢詩の最初と最後の行を表しています【図１西田の書】[3]。

廬山烟雨浙江潮
未到千般恨不消
到得歸來無別事
廬山烟雨浙江潮

日本語による読み下しは、次のようになります。

廬山《ろざん》は煙雨《えんう》浙江《せっこう》は潮《うしお》
未《いま》だ到《いた》らざれば千般《せんばん》恨《うらみ》消《しょう》せず
到《いた》り得《え》て帰《かえ》り来《きた》れば別事《べつじ》無《な》し
廬山《ろざん》は煙雨《えんう》浙江《せっこう》は潮《うしお》

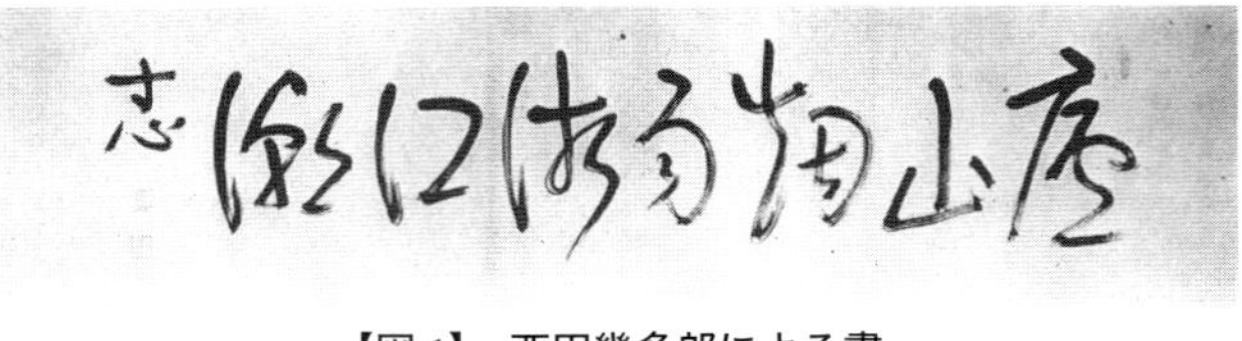

【図１】　西田幾多郎による書

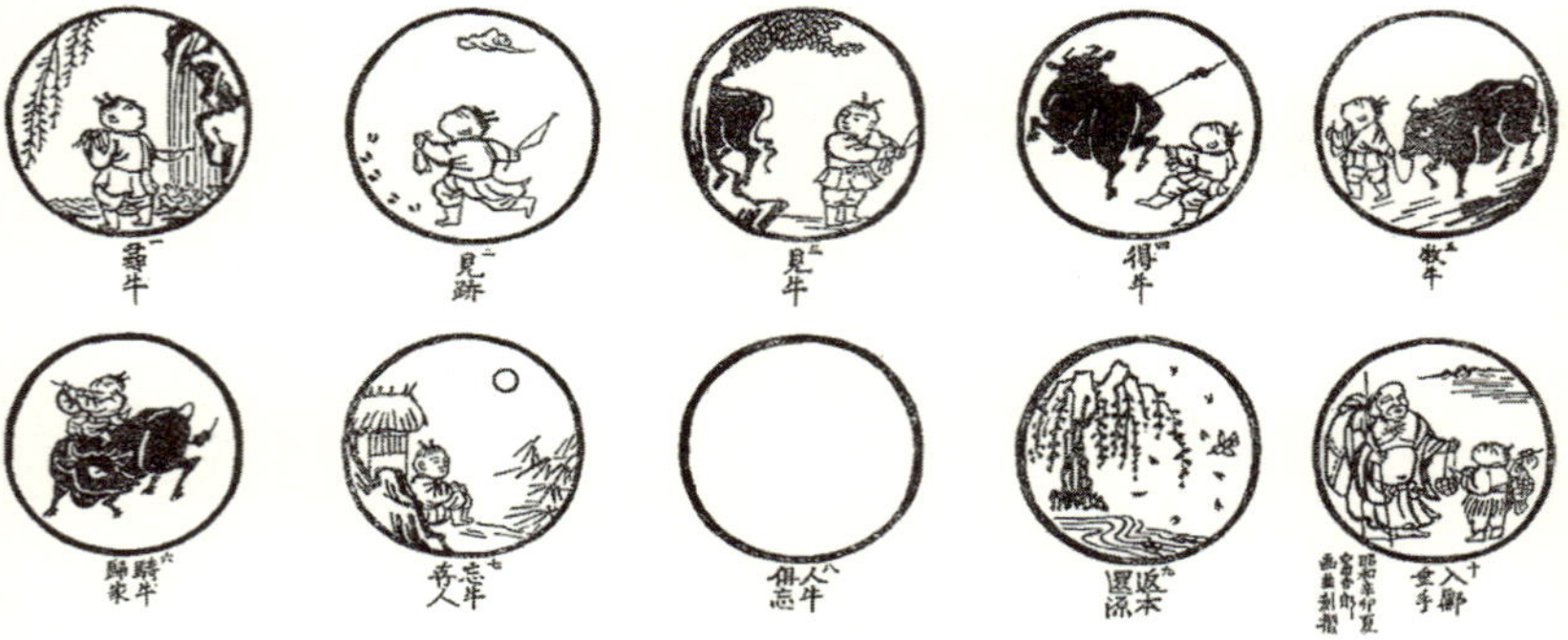

【図2】　十牛図

西田は、この漢詩に禅や仏教思想をもととした彼自身の思想に近いものを感じ、この漢詩をこよなく愛し、書をしたためました。西田は、哲学者として西洋でも有名ですが、書道家としても活躍し、中国の道教、仏教、文学などから引用した書を残しています。

私は禅や仏教の専門家ではないので、ここで禅などについて深く説明することは避けますが、この詩を読んだときに、禅の「十牛図」【図2】を思い出しました。この詩も十牛図も、長い旅路につき、何かを発見しに行くことを物語っています。「十牛図」の最初の「見牛」は、蘇軾の詩では最初の行、「どこかに素晴らしい廬山と浙江がある」という部分に対応します。牛の足跡を発見し、長い旅がはじまり、牛または廬山に表される、自分にとって絶対的な価値を持つ何かを体得するための努力が語られます。長い旅路で厳しい修行を行ったと解釈するのであれば、「未だ到らざれば千般恨消せず」となります。ついに目的に到達し、牛を捕まえてその上に乗り、または、廬山と浙江を自分の目で見たとき、一体何が分かったのでしょうか？　漢詩の言葉で言うならば「別事無し」、「十牛図」の場合には、第八図、第九図を指すと思われます。西田の『善の研究』から言葉を借りるのであれば、それはおそらく「事実其儘《そのまま》」と表されるものであったと考えられます。つまり、廬山は煙雨浙江は潮、ですから、「廬山其儘、浙江其儘」とでも言えるでしょう。

ここで問題となってくるのは、この「其儘、ありのまま」を理解することです。「廬山其儘」は「ただの廬山」ではありません。むしろ、「本当の廬山」です。思考が「ありのまま」に触れるときに、電光に雷鳴が追従するように哲学や芸術作品や詩が生まれるとされています。この「ありのまま」というのは何なのでしょうか。西田の最初の著作、『善の研究』は、「経験するといふのは事実其儘に知るの意である。」という一行で始まります。西田幾多郎にとっても、このような「経験」がどのようなものか理解するということが彼のライフワークとなったと言っても過言ではありません。ここで西田は「色を見、音を聞く刹那、未だ之が外物の作用であるとか、我が之を感じて居るとかいふやうな考のないのみならず、此色、此音は何であるといふ判断すら加はらない前」に、「未だ主もなく客もない、知識と其対象とが全く合一している」と言っています。西田の「事実其儘」、「ありのまま」は仏教の「如是」に近いものと考えられますが、他方では、アリストテレスの「存在としての存在」にも近いものとも考えられます。このため、「其儘、ありのまま」は、私にとっても存在論的な問題となりますが、今回はそのような問題に直接入らず、むしろこの詩を私にとっての「日本学び《ニッポン》」を説明するのに用いようと思います。

二　廬山は煙雨浙江は潮

私にとっての廬山や浙江は、日本であったと言えます。ちょうど私が小学生のころに、日本のアニメがイタリアでも放映されはじめていたこともあり、遠くにある日本という国は憧れの国となりました。現在四〇代の私の世代は、イタリアで最初にアニメに触れた世代でもあり、一九七八年に、「UFOロボ・グレンダイザー」が放映されたときのことは強く印象に残っています。これを皮切りに、その後いくつもの日本のアニメがイタリアのテレビで放映されるようになりました。小学校では、アニメの登場人物をノートに描きあったりすることが流行りました。こういった絵を描いたり、複写したりしながら、当時小学校で習う「絵画の美しさ」とはずいぶん異なった「美」があるのだとだんだんと気づきはじめました。私はイタリアの東北地方出身のため、学校では、特にヴェロネーゼ、ティツィアーノやベッリーニといったヴェネツィア絵画を鑑賞しにヴェネツィアへ、またマンテーニャを鑑賞しにマントバへといった校外学習がよくありました。しかし、アニメから感じられる美しさはそれらとは全く異なった「美」でした。

私にとってアニメが印象的であったのは、学校で習ったルネサンスの絵画の中で見られる聖人やキリストの一生、あるいはギリシャ神話などよりも、ずっと単純で子どもでもすぐに分かる物語であったことだけではなく、時々アニメの登場人物の背景に見える地平線を含むデザインだったことが理由でした。それは本当に魅力的で、無限であるけれども自分の近くにある平面の開きを視覚的に感じさせ、私もそこにいたいと感じさせるような不思議な美でした。その無限とは、抽象的な超越ではなく、その中に生きることのできる無限でもありました。その時分の私にはまだ分かっていませんでしたが、これらの風景は私にとって、「煙雨のある廬山、潮のある浙江」であったのでしょう。この見たことのない形の美しさを生み出す場所について、自然と大きな興味をかきたてられたのでした。学校では、少しずつ日本に関する他のことについても惹きつけられていきました。例えば、日本は世界で唯一、戦争を放棄した国であることは、とても頼もしく感じました。子ども心に「イタリアで戦争が起こったら、日本に行けばいいんだ！」などと思いました。音楽の授業の時に世界の歌を習い、「さくら」や「君が代」などを縦笛で演奏しました。イタリア語の教科書で読んだ[4]、広島の「貞子」や「折り鶴」の話には悲しくなりました。小学校五年での卒業試験のテーマでは、外国に関するレポートが課題となりましたが、迷いなく日本のことを選びました。その頃もテレビでは止むことなく、小さなテレビ局でさえも日本のアニメが放映され続けていました。

三　未だ到らざれば千般恨消せず

このように、私は、自分にとっての廬山の煙雨、浙江の潮を発見したわけですが、高校生ぐらいになるとさすがにアニメには興味がなくなってきました。しかし、それでも日本文化に対する好奇心は捨てることができませんでした。これほどまで自分と異なったものを考えることによって、自分自身のこともより理解できるような感覚を覚えたからでした。高校の時の友人の父親が読書好きで、家の蔵書を好きなだけ貸してくれたおかげで、私は川端康成や三島由紀夫、谷崎潤一郎などの翻訳を次々と読むことができました。大学に入ると、哲学を専攻しましたが、幸運なことに比較美学の授業を履修することができ、ちょうどテーマとして日本美学をとりあげていました。このような授業が開かれたのは、おそらくイタリアでは初めてのことであったと思います。源氏物語や茶室の建築、千利休や長次郎の陶芸、芭蕉の俳句、世阿弥の能、鈴木大拙の作品など、色々な日本文化の側面をその機会に勉強することができたのはうれしいことでした。テレビではちょうど、小津安二郎や黒澤明の映画が放映され、心に強い印象を残しました。大学の美学の授業によって、「日本哲学」の存在まで知ることができました。その当時、西田幾多郎の『私と汝』という短い論説がイタリア語に翻訳されたばかりで、日本哲学を代表する哲学者として紹介されました。しかし、西田の他の作品はまだイタリア語に翻訳されておらず、もっと知りたいという気持ちが残りました。

このような経緯で、とうとう日本語を学ぶことが必要となってきました。日本語を知ることで、日本の「文化」に私が直接近づくことができるのです。何人かの日本人、イタリア人の友人の助けで、まず漢字を独学し始めました。アルファベットと全く異なった文字の体系に驚き、それと同時にその美しさにまた魅了されました。文字の中にはアルファベットのように「音」そのものだけではなく、それ以外のものを表わすことがあることを初めて知ったのです。このような文字を使えばそれを使って書く時に、考え方もきっと異なってくるはずと考え始めました。言語が違えば、文法も語彙ももちろん異なります。このようなことは、古代ギリシャ語やドイツ語を学んだ時にすでに経験していましたが、いずれもインド・ヨーロッパ語の仲間でしたから、文字の書記方法が異なるというのは初めてのことでした。言葉の意味が、単語をつくる音を中心に決まってくるのではなく、もともとの視覚的イメージから成り立っているのです。文字やその書き方の差異がどれほど根本的な差異を生み出すのか―これはおそらく、西洋と東洋の間の宗教・文化といった他の差異さえも生み出すことのできる基本的かつ決定的なことであると思います。このことに気がつき、日本語からイタリア語へ翻訳するときには一体何が起こるかということが、私にとっての課題となり始めました。

大学では、私は主にギリシャ哲学やドイツ哲学を勉強しました。プラトン、ニーチェ、ミケルシュテッター、そしてハイデッガーについて、その思想に同感し興味を持ちました。ギリシャ文

【図 3】 ペイディアスの「アテナ・レムニア」
（紀元前 5 世紀、ボローニャ、市立考古学博物館、S. Bolognini 作）

【図 4】 チマブーエ「クリスト十字架像」
（1268-1271 年、アレッツォ、聖ドミニコ協会）

化、特にプラトンにはじまる西洋文化に魅了されましたが、他方では、このプラトンやキリスト教文化の価値観が徐々に失われ、最終的にはニーチェの虚無主義（ニヒリズム）へと至るという「西洋文化」の行方が私の興味の中心となっていきました。当時、特にハイデッガーを勉強していた私には、社会が底知れない技術と資本主義の自己破壊の中へ飲み込まれて行くことが不可避である、というヨーロッパのニヒリズムの問題をはっきりと感じることができました。勉強すればするほど、西洋文化は約二千年以上の歴史を経て、すでに後退できないところまで来てしまい、逃げ道の見えない行き止まりに達してしまったと感じるようになりました。

　西洋芸術を見てみると、人物像の描き方の変遷にもこのことが感じられます。ギリシャ彫刻

【図 5】 レオナルド「白貂を抱く貴婦人」
（1490 年、クラクフ、チャルトリスキ美術館）

【図 6】 レンブラント「自画像」
（1628 年頃、アムステルダム、国立美術館）

の完璧さからはじまり【図3】、中世のキリストや聖人の像【図4】、個人の美しさを永遠に表そうとしたルネサンス期の試み【図5】、そして近代のレンブラントの自画像の陰鬱さ【図6】を経て、自信や確信を失った人間像を描く現代に至ります。例えば、最後まで完成することのないジャコメッティの肖像画、類人猿のような自画像を描くピカソ、ルネサンス期の聖像や代表作をでっぷりと太らせて再現するボテロ【図7】、モディリアーニの不気味な肖像【図8】やベーコンの恐ろしい叫びとデフォルメ【図9】……。私を取り巻いてきた西洋文化では、自分自身さえも描くことができなくなっているように感じられました。それはちょうど、チェルノブイリでの原発事故の後で、放射能汚染によって環境が破壊され、危険で無用な

【図 8】 モディリアーニ「ピカソの肖像」
（1915 年、個人蔵）

【図 7】 ボテロ「キリストの脱衣」
（2011 年、rafaeleduardo 127 作）

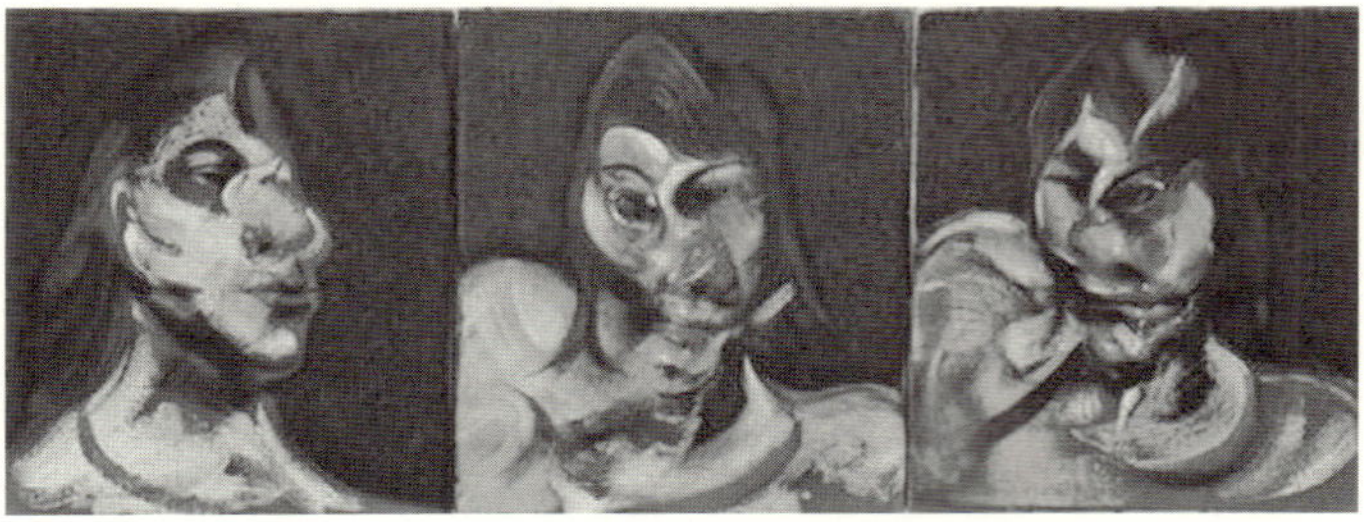

【図 9】 ベーコン「ヘンリエッタ・モラエスの肖像のための三つの習作」
（1628 年頃、アムステルダム、国立美術館）

繁栄をもたらすためのエネルギー開発が不安に駆られながら盛んに行われている頃でした。私にとっては目の前が暗くなっていたころ、とることのできた唯一の行動は、私にとっての廬山と浙江をみるために、ヨーロッパの外側へと逃げ道を探して赴くことでした。

四　到り得て帰り来れば別事無し

文科省の奨学金を得て、ようやく日本へ日本語や日本文化を学びに行くチャンスが与えられました。京都へ留学し、日本文化を体感し、日本人の先生方や学生とも知り合うことができました。そしてあっという間に二十年が過ぎました。私はどのような経験をしたのでしょうか？　この問いに答えるのに、長々と説明する必要はありません。言葉の中には、どんな詳細な説明よりも「素早く」、「強く」表現できる特別なものが時々見られます。例えば、概念、あるいは詩の言葉がそれにあたるでしょう。このような特別な言葉を借りて言ってみれば、私の「日本《ニッポン》学び」の答えは「別事無し」でした。

つまり、現代の日本は西洋とは全く異なる別の場所ではなかったのです。日本とは、西洋・東洋の差がすでに意味を持たないグローバル経済システムの一部であったのです。何より西、何より東だと言うのでしょうか？　どこでも同じ経済システムの中で人間の生活が決定され、福島で起こった災害が示すように同じような環境破壊が起こっています。このような意味では、今日においてはどこに行こうとも「別事無し」であると言えるでしょう。しかし、もしもニヒリズムが私たちの時代における特徴となるのであれば、哲学者、西谷啓治（1900-1990）は、どのように「日本のニヒリズム」がヨーロッパのそれと異なるということが分かったのでしょうか？[5] 文化とは、つまり、その文化の差異とは、完全に区別がなくなってしまったわけではなく、例えばニヒリズムの中でも言語や書記方法の違いがその多重性の中に残っているのです。そうであれば、「別事無し」ということがもう一つの意味で解釈できます。哲学的または西田哲学の存在論に近い意味にです。つまり、「廬山其儘、浙江其儘」ということです。

五　廬山は煙雨浙江は潮

私にとっての「日本《ニッポン》学び」とは何であったかと問われれば、以上のようなことが答えとなります。禅や東洋思想とは関係なく、単に一人のイタリア人として日本文化と向き合った時に、最初に述べたように、「別事無し」其儘であったと言うことができます。日本文化はニヒリズムからの逃げ道ではありませんでしたが、「別事無し」という事実其儘の問題にたどりつくために「他者」が必要だと教えてくれました。ある物事が存在するということは、別の物事との関係の中に存在するということです。換言すれば、各文化もつまるところ「間文化」であり、アイデンティティーは、他者がどれだけ自分と異なるかによって定まるものです。他者との出会いなしには自分自身のアイデンティティーはあり得ず、この他者とは「私」と異なるものでなければなりません。「別事無し」に至るまでには、稀少な絶対的な出会いは特に必要ありませんが、自分自身の文化の内側や外側に、時間軸に沿って、または同じ時間上にも、たくさんの小さな出会いが存在するのです。例えば、人々、芸術作品、文学、思想、食事など様々な物事が含まれます。誰もが廬山を持っていると言えますが、私の場合にはそれが日本だったのです。

おわりに

そろそろ、「到り得たので帰り来てもいい」というところまで自分が来てしまったように感じています。しかし、どこに帰るというのでしょう？　よく考えてみれば、蘇軾の詩は、最初と最後の行が全く同じという風変わりな構成がなされています。まるで、どこにも行っていなかったかのようにも思われます。ということは、帰るべきところはどこにもないということではないのでしょうか。どこにでも廬山があり、浙江があります。ですから、「別事無し」と言えるのです。しかし、最初と最後の行は、実のところ、異なったことを指しています。その二つの行の間には、他者との出会いや、別の言葉を学ぶという努力がありました。西田幾多郎がこの漢詩を引用しているのは、偶然ではないと思われます。中国の文化を知ることなしに、また西洋文化を知ることなしに、どのように日本文化を理解することができると言えるのでしょうか？　ということは、西洋以外の文化を知ることなしに、どのように西洋文化を理解することができるのでしょうか？　これは、現代においてニヒリズムの漂流に対して抵抗できる唯一の形なのではないかと考えられます。ゲーテは、「他の言語を知らぬ者は、自分のも知らない（Wer fremde Sprache nicht kennt, weiß nichts von seiner eigenen）」と言っています。[6]

今日においては、他の文化を知らぬ者は、自分の文化も知らず、自分が誰かを知らず、アイデンティティーさえ失ってしまう、と言うことができるでしょう。ところで、日本では「アイデンティティー」ということばをよく使いますが、これは英語の identity、つまりラテン語の identitas から来る単語です。Identitas の語源は idem という代名詞にあり、もともとの意味は「それ其儘」のことであると知っている人はほとんどいないかもしれません。私の日本《ニッポン》学びは、ここから始まり、ここへ帰るのです。まだまだ学ぶべきことはたくさんありそうです。

【注】

1 E.B. Tylor, *Primitive culture*, 1871.（E.B. タイラー『原始文化』、一頁、誠信書房、一九六二。）

2 E. Cassirer, *An Essay on Man. An Introduction to a Philosophy of Human Culture*, Yale University Press, New Haven, 1944.（E. カッシーラー『人間』、二六三頁、第13刷、岩波書店、一九六四。）

3 『西田幾多郎遺墨集』、燈影舍、一九八三、図46。

4 教科名として「国語」という言葉はイタリアで用いられないため、いわゆる「国語の教科書」は、イタリアでは「イタリア語の教科書」か「イタリア文学の教科書」と言う。

5 日本のニヒリズムに関しては、西谷啓治『ニヒリズム』（一九六六）を参照。

6 W. Goethe, *Maximen und Reflexionen* II, Nr. 23, 91.（『ゲーテ全集』11巻、一六四頁、人文書院、一九六一を参考。ただし本文の訳は筆者により修正した）

ローカルに思考、グローバルで生活

クリストファー・クレイグ

2 ローカルに思考、グローバルで生活

クリストファー・クレイグ

はじめに

私の専門は日本学です。しかし、ある観点から見ると、私の日本学は幅狭いものです。専攻分野は日本史で、さらに狭めた宮城県仙北地方における農業や農村社会が私の主な研究の対象です。登場する人物も問題も、特定の地方に限られたものです。少し考えてみれば、こうした私の日本学はグローバルという観点から遠くかけ離れているように感じられます。

しかし、私は意外なことにこの研究を深めていきながら、世界への視点を失うのではなく、むしろグローバルな視点を強く意識するようになりました。初めて日本に興味を持ったころから、日本の大学で教える今日まで、私の日本学は私を世界中に連れて行ってくれました。さまざまな国・町・地域で暮らしいろいろなことを体験、吸収しながら、国際的な意識を高め、そのたび私の世界観、国家に対する考え方は変化させられてきました。また、従来の地方史のイメージに対して、私

の宮城県仙北地方の研究は強いグローバル的側面があります。いくら狭い地域や小さい村でも、どの場所の歴史でも世界から影響を受け、同時に世界に影響を及ぼしています。簡単にいえば、学問を通じて地方史は世界史の一環であることが分かるようになってきました。そしてまた、歴史以外にも、日本学は私のグローバルと地方という概念に対する考え方を変えていきました。グローバルと地方は相容れないものと思われていますが、実は一つのものの二部分です。両方を同時に把握しないなら、どちらも理解できません。

こういった問題関心から私の日本学を紹介したいと思います。日本に初めて訪れた思い出からはじめて、日本学の道を選択し、世界を飛び回るようになったいきさつを紹介します。それから、グローバリゼーションに関する歴史や思想に触れ、最後に、私の日本学と人生経験および学問経験から生み出されたグローバリゼーションに関する考えを示したいと思います。

一 私の日本学

これまでに述べたように、日本学は私と世界を結びつけたものです。この結びつきには、具体と抽象の二面があります。まず、具体的な結びつきですが、これは私の生き方を完全に変えてしまったということです。二二歳になるまで海外に行ったことがなかった私が、一二か国を回り、八か所に移り住むまでになったのです。抽象的なつながりは世界に対する考え方に関する精神的な変化です。日本のみならず、さまざまな国を、また世界は世界として、発見したのです。その発見の過程のなかで、母国や外国という言葉や理念についても考え直すことになりました。

初めて日本を訪れたのは、日本学の道に進むずっと前でした。一九九七年、私は大学を退学し、古本屋でアルバイトをしているという宙ぶらりんな生活をしていました。きっかけとなったのは、友人の一人が話してくれた仙台の思い出でした。彼女はワーキング・ホリデーの制度を利用して、英会話の講師をしながら仙台で半年間暮らしました。当時フリーターのような生活を送っていた私にとって、この話は興味深いものでした。私は、その当時北米で流行り始めた日本の漫画やアニメの影響では全くなく、ただ外国で新しい生活をしてみたいという一心で日本に行きたいと思うようになりました。英会話の講師で生活ができることも魅力でした。もう一人英会話の講師を探している、という彼女の誘いに乗って、私は日本に行く決心をしました。

全く日本語もしゃべれず、宮城県がどこなのかどころか日本に対する知識もあまりない状態のまま、一九九七年一一月に仙台に到着しました。それから一年間日本に住むことになって、それまで想像さえしていなかった体験を色々しました。言語だけではなく、日本での新生活は当時の私に様々なチャレンジを与えましたが、その中で特に難しかったのは食べ物でした。私が生まれたカナダのカルガリーは海から遠く離れていましたから、魚介類は普段食べるものではありませんでした。それなのに、三十時間以上移動して、仙台に着いたばかりで、それまで魚を食べたことがなかった私の日本での最初の食事はお寿司でした。なんとか食べようとしましたが、一貫を口に入れると吐いてしまいました。そのあと、日本語にも食べ物にもだんだん慣れていきましたが、あっという間に一年間のビザが終了しカナダに帰国しました。

帰国した当初、私は日本と関係のない暮らしをしていました。その私が再び日本と結びつくのは三年ほど経った後でした。私は大学に復学し、歴史学を専門的に学び、研究者になりたいと考えるようになりましたが、そのときに一つの障害がありました。北米で歴史学を学ぶには、専門分野で三か国語を習得する必要があるのです。語学が得意でなかった私には、これが大きなハードルでした。そのとき、一年かけて学んだ日本語がこの上ない助けになったのです。私は日本史を専攻することに決めました。地元のカルガリー大学からバンクーバー市のブリティッシュコロンビア大学に移り、そこで日本語と日本史の本格的な研究を始めました。修士課程で日本史を専門的に学ぶに当たって、テーマに選んだのは、宮城県でした。その理由はもちろん、政治史や農村社会への興味ではありましたが、何より、将来仙台にまた行くことができるのではないか、という希望でした。二年後に修士を修了し、ニューヨーク市のコロンビア大学【図1】の博士プログラムに進み、二度目の外国生活をニューヨークで過ごすことになりました。博士課程で進学したコロンビア大学とニューヨークは、今まで以上に世界の広さを私に教えてくれる場所でした。教員・学生が世界中か

【図1】 コロンビア大学（ニューヨーク、アメリカ）

ら集まる、刺激的な研究環境でした。それだけでなく、大学院生の海外研修のチャンスも多くありました。博士一年・二年の間に、日本とフランスに短期語学研修に行くことが出来ました。さらに三年目には、多くの試験をパスすることで長期留学が認められました。私は博士論文のテーマを「近代の宮城県の農村社会と農業の進展」としていたので、日本、そして宮城にある東北大学への進学を希望し、ついにその希望をかなえることができました。

修士・博士課程で研究テーマに選んだ近代の宮城県を中心とする研究は、それこそ私の一生を決めたといってもよいほど、私に大きな影響を与えるものでした。その研究は、ひと言で言えば、地方史です。修士論文の対象とした仙北地方とその村や村民を出発点として、明治時代におけるいわゆる地方名望家層とその農業発達に果たした役割を検討しました。名望家は農村の地主層の中から自発的に農業の発展や改善に努力するもので、その活動を見ることを通じて、農業の近代化の過程を新たに把握しようとしたのです。私の基本目標は、数か農村の実態を詳しく見ることで、農業の発展を具体的に把握することでした。

この「地方史」について、私の研究から、より具体的に紹介したいと思います。私の研究テーマの一つは名望家です。名望家とは何かを考えるために、宮城県鹿島台の名士として知られている、戦前の村長鎌田三之助【図2】の生涯と功績について話します。鹿島台（現在：大崎市）は仙台市より北東に三五キロメートルぐらいに位置しています。JR鹿島台駅から眺めると、現在の大崎市は山まで広大な田園風景が広がり、立派な公衆施設や農民の屋敷が道路のそばに並んでいます。九月になると、その黄金色の稲が海のように広がり、実にすばらしい眺めです。しかし、明治・大正時代の鹿島台は全く別の様子で、寒村でした。この貧困な村から現在の豊かな農地への大変革を成し遂げた際、重要な役割を果たした人物の一人が鎌田三之助です。

【図 2】 鎌田三之助像、大崎市
（鹿島台町史編さん委員会編『鹿島台町史』鹿島台町、2008 年）

鎌田三之助は、一八六三年に木間塚村（のち鹿島台の一部分）の鎌田家の次男として生まれました。三之助の祖父の鎌田元康と父の鎌田三治は村のために尽力した人物で、当時、鎌田家の名前は仙北地域に広く知られていました。彼等は開拓事業を行ない、その主たる対象は品井沼という沼でした。三之助が生まれた時、品井沼は現在の鹿島台駅の西南にあって、一千町歩以上の土地を占めていました。品井沼は洪水になりやすく、まわりの水田にかなりひどい被害を与える傾向がありました。当時よく言われたのは、品井沼の洪水のせいで鹿島台では三年のうち二年は作物が収穫できないということでした。そのために鹿島台は宮城県の最貧窮村として知られていました。元康は、一八三〇年の天保の大飢饉の前後から品井沼の排水を実現する夢を持っていました。品井沼を開拓すれば、まず洪水の被害対策になり、同時に新しい水田地を開くことにもなります。元康はこの夢のために数十年間かけて力を尽くしましたが、一八七六年に息を引き取ります。そのとき、息子の三治と孫の三之助に次のことを言ったそうです。「お前たちは衣食を憂うるに先だち、まず品井沼の排水を憂えよ」。一八七〇～八〇年代、鎌田三治は鹿島台の戸長（現在の町村長）として父の夢を追求しました。しかし、三治が亡くなる一八九八年まで、品井沼は依然として鹿島台の水田に年々洪水の被害をもたらしていました。

三之助は、三治の「西洋の学問を学びたい」という希望に応え、一八七八年に上京して勉学に励みました【図3】。陸軍での出世を夢見た三之助は、大都会の生活のなかでふるさとの鹿島台と品井沼のことを忘れかけていたころに、福沢諭吉の講演を聞きにいく機会がありました。日本が近代

【図 3】 学生時代の三之助
（故鎌田三之助翁頌徳会編『鎌田三之助翁伝』故鎌田三之助翁頌徳会、1953 年）

の強国になるためにするべきことについての話を聞くと、三之助は祖父の元康が言ったことを思い出し、父と協力して品井沼の排水を実現するために鹿島台に帰ることにしました。鹿島台に帰ると、三之助は政治活動を開始しました。一八八〇～九〇年代に、鹿島台の村役場勤めから始めて、村会議員・郡会議員・県会議員という順に地方の政治界を登りつめていきました。

この政治的な成功、特に三二歳で県会で一番若い当選者となることで、三之助の評判はだんだん高まっていきました。一九〇二年に品井沼の排水を実現させるために、彼は立憲政友会から立候補して当選し、衆議院議員として地元の排水事業を推し進めました。

県会や国会では、三之助は大物の政治家の協力を得ていきました。宮城県会では、河北新報を創立した一力健治郎と親しくなり、その応援のおかげで排水事業に反対していた地主と和解することができました。また国会では、犬養毅や加藤高明と懇意となり、二人を通じてより広い政界の要人たちと連携できるようになりました。おかげで、明治元老の松方正義の応援を得、品井沼の排水のために日本勧業銀行から五〇万円という巨額の融資を受けることができました。ついに一九〇六年に品井沼の工事が開始されて、計画が成功したかのようにみえました。

品井沼の問題が解決されたと信じ、三之助は新しいことに目を向けます。明治中期は鹿島台の他にも、数多くの農村が困難な状態に陥っていました。それだけではなく、日本の人口が飛躍的に増加し田ことに伴う食糧危機の恐れが広がっていました。三之助は、全国の農民を助けることを目指して、メキシコに日本人の農業移民の計画を立てています。宮城県知事の承認を得、現地の状態を確認して、メキシコ政府に掛け合うために、一九〇六年一一月に太平洋を渡りました【図4】。一二人の仲間とともに現地での交渉を一年間続け、何とか実現

【図4】　メキシコ時代の三之助
（故鎌田三之助翁頌徳会編『鎌田三之助翁伝』故鎌田三之助翁頌徳会、1953年）

【図5】 品井沼の排水隧道
(『品井沼事業概要』宮城県品井沼水害豫防組合、1920年)

にこぎ着けようとしたところで、宮城県知事から「シナイヌマモンダイフンジョウキカノアッセンヲマツ」(本間楽寛著『草鞋村長―鎌田三之助翁』時代社、一九四二年、一三五頁)という電報が届きます。三之助は、「一時の苦しみにたえかねて、百年の苦しみをなめるグはくり返したくない」(故鎌田三之助翁頌徳会編『鎌田三之助翁伝』故鎌田三之助翁頌徳会、一九五三年、四八頁)と思い、帰国しました。

一九〇八年に鹿島台に帰ると、排水工事は大変な状態になっていました。三之助がメキシコにいた間に一人の請負人が辞めたことで、排水事業は滞っていました。また、工事中の崩落や事故により当初の予算より経費が膨れ上がり、関係する村々の中で個々の利益のためにいざこざが絶えなくなっていました。停滞する状況を打開するために、三之助は各関係者を訪問して、計画の価値を説きました。それでも不安定な状態

【図 6】 品井沼干拓地
（鹿島台町史編さん委員会編『鹿島台町史』鹿島台町、2008 年）

が続く中、三之助は国会時代の後援者を動かして、当時東宮であった大正天皇を品井沼に招待しました。その結果、一九〇八年一〇月三日、東宮が乗る電車が品井沼を渡る鉄橋に停まりました。大正天皇は一分間排水の工事を見て、「天下の大工事である。中途挫折の事なく竣工せしめよ」と言いました（鹿島台町史編さん委員会編『鹿島台町史』鹿島台町、二〇〇八年、八〇四頁）。この言葉により、関係者の対立はなくなり、排水や干拓は計画通りに進んでいきました。一九一〇年一二月二六日に松島で完成の式典が行われ、積極的な排水が始まりました【図5】。完全排水は一九四六年まで完成に至りませんでしたが、一九一〇年の工事では八〇〇町の耕地を開き、一七〇〇町歩の水田が洪水の被害から救われることになりました【図6は現在の干拓地】。

一九一〇年以降、三之助は日本中で有名になりました。その年、鹿島台村会の依頼に応じて、三之助は鹿島台村長になりました。洋服を捨てひげをそり、「草鞋村長」のあだ名で広く知られるようになりました【図7】。その後、戦後に引退するまでの三六年間、鹿島台の村長として力を尽くしました。政府から褒章を与えられたり【図8】、新聞やラジオでインタビューを受けたり、また「いま尊徳」というあだ名で農村の神様のように崇められるようになりました。三之助の指導の下で、鹿島台は貧窮村から豊かな村に変わりました。三之助がいなければ、現在の鹿島台は存在しないといえます。

【図7】 わらじ村長
（故鎌田三之助翁頌徳会編『鎌田三之助翁伝』故鎌田三之助翁頌徳会、1953年）

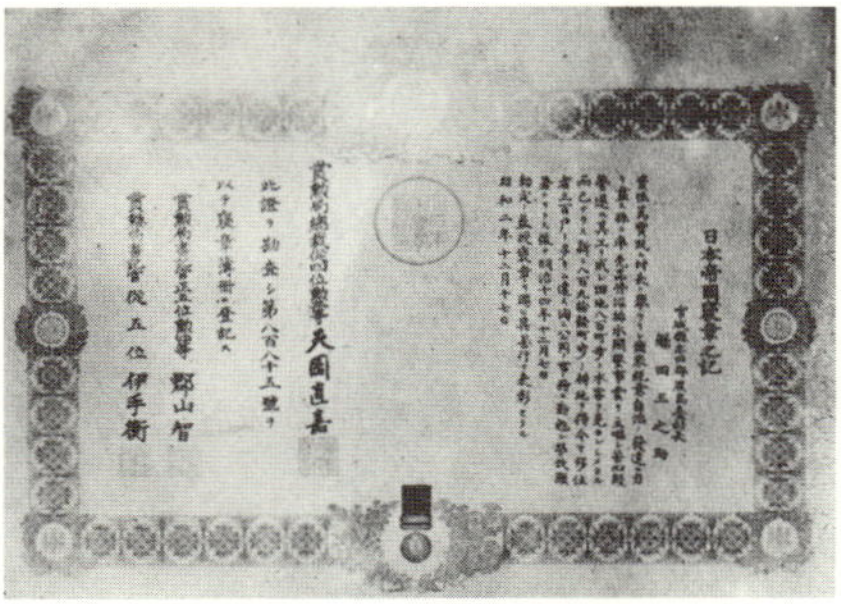

【図8】 鎌田三之助の藍綬褒章書
（故鎌田三之助翁頌徳会編『鎌田三之助翁伝』故鎌田三之助翁頌徳会、1953年）

二　歴史における地方（ローカル）とグローバル

ここまで紹介したお話は、まさしく地方史です。今も鹿島台の住民によく知られている物語で、有名だった村民を紹介して村の創立と成長に結びつけました。町にとっての「起源神話」といってもよいものでしょう。ただ、村以外のより広い日本、または世界中に意味を持つ話には、なかなかならないでしょう。

しかし、私の研究の中で、鎌田と鹿島台はより広い意義を持ち、より大きな歴史的機能を果たします。私の研究テーマは、明治・大正時代における農業の近代化、具体的には、農業はどの過程で近代化したのか、またその過程の中で、名望家、あるいは農村の地主層はどんな役割を果したかということです。明治政府は工業や軍隊の進展を中心にして、厳しく限られていた材料を農業の発展に使うことを避けようとしていました。一方で、農業はまだ日本の第一産業で、農民が払っていた税金は政府の予算の主だった資源でもありました。こうした矛盾を解決するため、農村にあったお金や人材を農業の発展に働かせる計画を立てたのです。

こうした鹿島台の歴史は、日本のみならず、より広い世界ともつながっています。品井沼の干拓事業と海外の技術の関係は強いものです。一八八〇年代に、明治政府は鹿島台の干拓の可能性を検討するために、オランダ人の治水の専門家を東京から派遣しました。これは失敗に終わりましたが、それから二〇年後に干拓が積極的に始めることができたのは、外国から輸入した技術があってのことでした。三之助も、若いころから国際環境に影響を受けていました。もともと東京に行ったのは陸軍に入るためでしたが、明治陸軍そのものは海外の軍事的脅威の対策として創立されて、ヨーロッパの軍事的組織や武器に基づいたものでもありました。三之助は陸軍大将になるという夢を捨てましたが、広い世界への興味を失うことはなく、鹿島台に帰った後にも、北米の移民計画を立て【図9】、前述のようにメキシコに滞在しました。

三之助と鹿島台が直面した問題は、世界的な近代化のなかから生まれたものです。宮城県の、または日本に限られた問題や経験ではありませんでした。品井沼の洪水のような治水・水利問題は世界のあらゆる場所の農地でも起こるものでした。これは近代化の始めの一歩です。こうした問題の解決を可能にするのは新しい技術であり、その技術を農村に導入する方法を探すことが近代化の普遍的な営みの一つです。それに、どの国でも、モダニティは中央と地方の関係を変化させますが、鎌田のように都会と地方を取り結ぶ人が必要となります。このように、鹿島

【図9】 鎌田三之助著『北米墨西哥植民案内』
（成功雑誌社、1908年）

【図 10】 モントリオール市（カナダ）

【図 11】 ケローナ市（カナダ）

台は一般的な農村・農地が近代化にどのように対応していくのかという問題に対する一つの答えを提示してくれているのです。従って、鹿島台はただの地方史、あるいは日本史の一例だけではなく、世界近代史に意義のあるものです。

鹿島台の地方史は、より広い日本、または世界の近代史の一例にもなります。そればかりか、グローバルな問題と直結する鹿島台の研究は、私自身をもグローバルにしていくものでもあったのです。鹿島台と鎌田三之助の研究を始めるようになってから、カナダと日本はもちろんですが、アメリカ・フランス、昨年はベルギーでも研究や発表の機会をもらいました。宮城の一地方の歴史は、少しずつではありますが、私を通じて世界へと広まりつつあるのです。

このことは、研究ばかりではありません。教育活動では、私はカナダのモントリオール【図10】とケローナ【図11】、そしてここ仙台で大学教員を経験しています。それぞれ個性のある町と大学で、私は宮城・鹿島台・鎌田三之助を通じた日本の近代化を講義しています。特に東北大学では、来日して日本を学ぶヨーロッパの学生達に教えてい

【図12】　ヴィリニュス大学（ヴィリニュス、リトアニア）

るのです。東北大学では、さらにヨーロッパ各地の著名な大学と交流協定を結ぶ仕事もしました。オランダ・スイス・リトアニア【図12】を訪れ、交渉に当たりながら、各国の食習慣、言葉、生活などを体験する貴重な機会を得ています。今後の出張予定先にも、韓国やイタリアなど海外が含まれており、これからも私の世界体験はどんどん広がっていくことでしょう。日本学をもって、私はグローバル的な人間になっているのです。

三　グローバリゼーション

こうした私の日本学に関する経験の中で、グローバリゼーションについて考え始めました。上に述べたように、今の私は何度も国境を越えて、さまざまなところに住んだり研究したりしながら形成されてきましたから、個人の人間と世界のつながり、そして世界の中の個人の居場所に関して考えるようになるのは自然のことです。

幸い、グローバリゼーションをテーマにして書かれたものは少なくありません。一九九〇年代からグローバリゼーションという考え方は世界中でトピックの題材として論じられており、数多くの検討やシンポジウムが行われています。学問だけではなく、テレビや新聞のようなマスコミでもグローバリゼーションは人気の課題です。最近の事例として、環太平洋パートナーシップ協定（TPP）やシリアの難民問題などで、更に注目を集めています。そしてこの変化は日本国内でも起こっています。私が東北大学で教べんをとることになったのも、大学が日本政府からスーパーグローバル大学として認められたことで実現したことです。

ところで、これまでに述べたとおり、私が最初に日本に来たのはワーキング・ホリデーによるものでした。そのねらいは「日本とパートナー国の間に相互理解を促進するために、若者にパートナー国の文化や日常生活を認識するための広い機会を提供する」というものでした。さらに、大学院生の頃には「国際交流基金」によって日本に留学することが出来ました。これは、一九七二年に、日本文化・日本語教育・日本学の促進のために日本政府が創立したものです。さらに、現在私が東北大学に籍を置いているのは、文部科学省による「スーパーグローバル大学プログラム」による国史交流の活発化によるものです。名前はそれぞれ違いますが、日本政府が関わって、日本に興味を持ち日本を研究する外国人を増やしていくということでは、実は一貫しているのです。

これを見ると、グローバリゼーションは政府の手によって国と国をつなげるもののように見えます。しかし、この一般的な印象と私の経験はまるで違います。政府により作られたプログラムに参加しましたが、これははじめの一歩に過ぎないのです。私が体験したグローバリゼーションでは、日本政府の意図とは無関係に、より深い、一人の人間として得がたい体験や交流ができたと思っているのです。ワーキング・ホリデーに興味を持ったのは、政府のPRではなく、すでにプログラムに参加した友達との話からでした。私が仙台に一年間住んだこと、または大阪での日本語の勉強、仙台での研究などは、カナダと日本の国家間の関係に一切影響を及ぼすものではありませんが、自分や触れ合った人には大きな影響を与えています。私の日本学はカナダと日本に国として変化はさせていませんが、日本人と結婚をし、日本とカナダの国籍を持っている長男の父となった私自身にはかなりの変化をもたらしました。日本政府はグローバリゼーションの計画を立てますが、それを体験し、そしてその影響で何かをもたらすのはあくまで一個人です。

グローバリゼーションの諸過程や意義を本格的に把握するには、そのコンセプトがどういうものかを明らかにしなければなりません。もともと英語からきた言葉で、英語の正規の意味を確かめるべきですが、調べてみると、辞書により多くの異なる定義が出てきます。この状況では、一般の理解が明確でないのは当然です。たとえば翻訳サイトのDictionary.comでは、グローバリゼーションは「グローバル化、つまりすべての世界まで延長する行動」と書かれています。Merriam-Webster

のオンライン辞書は「特に自由貿易、自由な資産流通、安価な海外労働市場を利用するかたちで特定されるますます統合化する世界経済の展開」という定義になっています。

こうして簡単に意味を見てみると、これらの定義はどれも問題があります。まず、いずれも経済、特に商売を中心に置いている点です。グローバリゼーションは、本当に経済のみで定義されるものでしょうか。また、これらの説明によると、グローバリゼーションは、ある強力な中央機関が世界の限りまで手を伸ばし、弱者の労働力を搾取することを含んでいます。そうであれば、グローバリゼーションは単なる強い国の政府や企業による世界経済の征服ということでしょうか。いずれにせよ、私の経験したグローバリゼーションに一致していません。

驚くべきことですが、最も当たっている定義は Wikipedia に記載されているものです。Wikipedia では、「世界観、生産物、思想、そしてその他の文化の事象の交換が生んだ国際統合化」とされています。他の定義に比べると、これはより大まかで包括的なものと言えます。さらにこの定義は、このコンセプトを単一の動作主（例えばアメリカ）の出来事に限っていません。経済の接触や強国による支配だけではなく、この定義の中心は交換による統合なのです。

この定義は、より広い視野からのものである点では良いのですが、「国際」というコンセプトに依存するところでまだ問題が残っています。グローバリゼーションは「Global」という言葉がもとにありますが、その意味はそもそも国や国家のコンセプトを超える観念です。基本的に、世界をつなげる相互作用に関するものです。この観念は国家と国家の間の交換をもちろん含みますが、それに限られてはいません。このことについては後で詳しく述べますが、ここで指摘しておきたいのはグローバリゼーションの本格的な定義が国以外の動作主をカバーするだろうということです。

グローバリゼーションがどのようなものかという問題をある程度明らかにしましたが、次はグローバリゼーションがいつのこと、つまりどの時代から始まった（あるいは始まる）のか、いつまで継続した（あるいは継続する）のかという問題に触れなければなりません。グローバリゼーションはほぼ最近発生したもののように見えます。前述したWikipediaから引用した定義は一九九〇年の『Globalization, Knowledge and Society』という本から引用されています。この頃、グローバリゼーションという言葉を初めて聞いたという人が多分少なくなかったことと思います。二〇世紀の最後の一〇～一五年間にグローバル的な出来事が続々と出現しました。この中で最も意義深いものは一九八九年のベルリンの壁崩壊、同年の昭和天皇の崩御と六四天安門事件、一九九一年のソ連崩壊、そして一九九四年のアパルトヘイト廃止などです。同時に、インターネットという革命的なコミュニケーションの技術が発達して、世界中の基本的な情報収集の方法が変化し始めていました。

これを見ると、グローバリゼーションは最近生まれたものではないことが明らかですが、実は一九八〇、一九九〇年代にも新しくはなかったのです。一九九〇年代にグローバリゼーションについて書いていた筆者達も認めたように、それ以前の研究者はすでにそのコンセプトを論じていまし

【図 13】 **Marshall McLuhan**
（Globe and Mail, October 22, 2015）

た。特にカナダのマーシャル・マクルーハン博士【図13】が一九六二年に紹介した「Global Village」という概念が流行しました。これは技術の発展により近い将来、新しいコミュニケーション技術をもって人間が個別に存在する世界から、すべての人類が属する村落共同体のような世界になることでした。インターネットが一般的になるより三〇年も前でしたが、彼には未来のコミュニケーション方法がはっきり見えたのです。それは、実際のグローバリゼーションよりはひと足早いものでした。

ある意味では、人間の歴史はその当初からグローバリゼーションの歴史であるともいえます。人間が初めてアフリカ大陸に登場したのはおよそ二〇万年前でしたが、五万年前までには世界中に広がりました。それから人口が増加し技術が発展すると、あちこちに帝国が作られて、積極的なグローバリゼーションが始まりました。エジプト、フェニキア、中国、ペルシア、ローマ帝国などが広く拡大し、遠くの帝国や民族と交流したり戦ったりしました。こうした接触の性格や結果を見るのに、いわゆるシルクロードはいい事例になるでしょう。凡そ一〇〇年から一四五〇年まで、シルクロードはアジア、アフリカ、ヨーロッパの三大陸間、数十か国をつなげた交易路でした。この道を通って、シルクのみならず、他の品物や技術、思想、宗教、言語、病気などが遠く離れている地域の間に渡り、伝えられました。

一五世紀の後半、シルクロードが衰退しながら、ポルトガルの遠洋航海を嚆矢に、世界はいわゆる「大航海時代」に入りました。西ヨーロッパの諸国は世界中に船を派遣して、さまざまなところでそれまで知らなかった国や民族と貿易を始めました。時とともに、貿易は暴力に、商品は植民になり、ヨーロッパの国々はアジア、アメリカ、アフリカの原住民の人々を支配したり弾圧したりするようになりました。やがて、一九世紀の中期に入ると、ヨーロッパの国々の競争の激化により、世界は「大航海時代」から「帝国主義の時代」に進んでいきました。アフリカとアジアの多くの国は、西ヨーロッパ諸国の植民地となり、暴力によって資源や労働力を搾取されました。これは世界の近代化の主要な一例となりました。一〇〇年以上前のことですが、こうした秩序は経済的なグローバリゼーションの定義と類似しています。帝国主義における、国境を無視した貿易などは一つの特徴です。ある意味で、一九世紀は現在の世界よりもグローバリゼーションの性格が強かったのです。

今日よくグローバリゼーションといわれるのはこの「帝国主義の時代」の継続です。近年、多くの国の保守党を促したTPPでは、多国籍企業がすでに定められている法律を無視することができ、一八～一九世紀のオランダ東インド会社やイギリス東インド会社などのような自由な経済的活動の環境をつくります。今度は、国や王国のものではなく、多国籍企業の帝国になるでしょう。

もちろん、「帝国主義の時代」の遺産は国際貿易に限定されません。二〇世紀は歴史上最もグローバル的な世紀で、グローバリゼーションが特に顕著に現れたのは世界大戦です。第一次・第二次世界大戦は地球の全てを巻き込んだ、歴史上最もグローバルな出来事でした。第一次世界大戦は、ヨーロッパが戦争の中心地でしたが、世界中の人々を動かしました。植民地から二〇〇万人以上の兵隊が戦地へと送られ、そして二二万人の労働者は世界中から、特に中国から、軍隊を支援するためにヨーロッパに派遣されました。第二次世界大戦は戦争を世界中に拡大させました。あらゆる植民地や独立国は戦場となり、味方としても敵としても世界の人々は遠くから来た人間に出会うことになりました。

二〇世紀の世界大戦は二つの側面でグローバリゼーションに連係します。まず、戦争がグローバリゼーションをどれほど進展させてきたかを明らかにしていきましょう。二〇世紀の前半の世界は、「大航海時代」や「帝国主義の時代」を超えて、どの時代よりもヨーロッパ・アメリカ諸国を軸に世界が統合されていました。戦争が世界中に拡散したのは、思いがけないことではなく、むしろ必然でした。同時に、世界大戦はグローバリゼーションを進展させました。ベルサイユ体制から冷戦に移ると、一九世紀の帝国はなくなりましたが、世界の国々を新たなパターンで結ぶことになりました。日本や台湾の新たなアメリカとの深い関係はその一つの例です。私の個人的なグローバリゼーションに似ているように、戦争で海外に送られた人々や、戦争により日本に上陸した外国人と接した人々は、様々な形で世界に関する知識を徐々に高めていったのです。

四　新たなグローバリゼーションのコンセプトへ

こうした歴史を見ると、グローバリゼーションは新しいものではないことがわかります。では、昔からあることにどんな意義があるでしょうか。この歴史を把握しながら、最近のグローバリゼーションの定義に関する疑問が生まれてきます。まず、昔のグローバリゼーションは必ずしも貿易を含んだものというわけではありません。暴力、克服、支配、移民、戦争などは、経済的な側面を持ちながら、貿易に限られていませんでした。それに、現在の国や国家を中心としている定義に対して、前時代のグローバリゼーションは国と基本関係がありませんでした。近代国家はグローバル化した世界の中に生まれて、そして国々が成長したら、グローバリゼーションを抑えるようになったのです。

こうしたグローバリゼーションの歴史はより大きな定義の必要性を生み出します。国や貿易が中心になるグローバリゼーション活動にしても、それらより大きいことも含んで、より深い意義を持っています。マクドナルドや西友・ウォルマートなどに限定されていないグローバリゼーションの概念を作らなければならないのです。

歴史学と私の日本学は新しいグローバリゼーションに関する考え方まで行く道を指し示します。過去の歴史学は現在のグローバリゼーションの概念と似た問題に直面しました。主な課題は政治や経済で、貿易、戦争、大物の政治家や軍人がよく出てくるテーマでした。こうした歴史学では、国家が中心となり、しかも文法的な主語として使用されることが多かったのです。これにより、国家は人間のように扱われて、人間の出来事は国の出来事になっています。この最も明らかな事例はオリンピックです。金メダルは選手の努力で得られるものですが、マスコミでも人々の話でもある国が勝ったものとして扱われています。

しかし、歴史や国際歴史、Area Studies、つまり歴史を国ごとに分ける学問は近年さまざまな形で変化してきました。「グローバル歴史」の誕生が世界に対する新しい見方を提示しています。国際歴史と違った、グローバル歴史は国家に依存せず、歴史を世界視点から見るということです。例えば、日本史は日本における世界史になるでしょう。グローバル歴史の目標は、それぞれの国家別の歴史を叙述することではなく、複数の国家ないしは地域を越えて広がる歴史を描くことにあります。よく出てくるテーマは統合、つまりグローバリゼーションの諸プロセスと不動、つまり地域的多様性とその原因です。こうした分野の代表的な検討対象としては植民地体制や、人間・物資の移動、伝染病などがあると思います。

このグローバル歴史は、まだ多くの問題が残っていますが、大きな概念的問題を解決することができます。残っている主な問題は言語と専門知識の二つです。本格的なグローバル歴史をするのなら、複数の言語で研究する能力やいくつかの地域に関する知識が不可欠です。この能力や知識を獲得するに、多額の資源が必要なので、不可能の場合が少なくありません。しかし、それでも、グローバル歴史は国別歴史よりも世界を明瞭に描くことができると思います。

グローバリゼーションに対して、グローバル歴史は三つの重大な課題を提示します。第一は、グローバリゼーションは従来の Area Studies や国際関係とは異なるということです。国家の接触の場合、グローバリゼーションは国際的な（国と国の間を渡る）ものではなく、トランスナショナルな（国境を超える）ものです。しかし、国や国家に依存するものではありません。もちろんグローバリゼーションは国に関する課題を取り扱うことができますが、世界的なプロセスを国を通じて理解するわけではないのです。

第二の課題は、グローバリゼーションを幅広く考える必要があることです。国境と国境の間ではなく、国境より大きなパースペクティブで見なければなりません。国より広い地域に中心を置き、グローバルプロセスを、国を基にするプロセスの集まりではなく、本格的なグローバルプロセスとして把握するべきでしょう。

第三の課題は、大規模な捉え方をすると共に、同時に、それとは逆に、幅を狭めて考えるということです。国の中に、政府や法律に基づいていない地域や地方を研究の対象とするべきです。国の中にある他の地域や団体との関係、そして国外の地域や地方との関係を中心にすれば、世界は新しい形で見ることができます。この場合、国家ではなくて、地方こそがグローバルの基本単位であることが明らかになると考えられます。

おわりに

二〇一六年一〇月の演説で、イギリスのメイ首相は「もし自分が世界の市民と信じるのなら、それはどこの市民でもないということです」と述べました（「Theresa May's Conference Speech in Full」The Telegraph、二〇一六年一〇月五日、http://www.telegraph.co.uk/news/2016/10/05/theresa-mays-conference-speech-in-full/）。これは、ＥＵから離れるいわゆるBrexit Voteの余波を背景に言われたことですが、ヨーロッパの右翼政党の台頭やアメリカのトランプの当選にも同じ考え方が見えます。近年、世界からしりぞきたがる人々が世界中に増えてきたようです。テロ事件、戦争、経済不況などで、一般の人々にとって、世界が恐ろしいものになっています。対策として、国境の入り口を閉めたり、難民を拒否することが盛んになっています。世界は本格的なグローバリゼーションとは逆行した、それを狭め、避ける方向に向かっていると言えるでしょう。

その状況に対して、私の日本学はそうではない道を指し示していると思います。私の体験が示すのはグローバリゼーションの人間的、個人的な側面です。私の研究と鎌田三之助の生涯は、地方や国を通して、個人と世界を結ぶ連鎖を明らかにします。鎌田は、鹿島台の諸問題と家族の郷土との関係で品井沼の干拓事業に繋がりましたが、同じように、私と私の研究を結び付けたのは日本での個人的な体験と仙台との関係でした。それから、鎌田と私はこの目的を追求する際に、より広い国と世界圏に接触することになりました。このように、個人からグローバルまでの線が描かれるのです。

文法的にいうと、グローバリゼーションという動詞の目的語は、国、会社、経済などではなく、むしろ人に関する言葉だと思います。つまり、グローバル化される、または世界をグローバル化させるのは人々です。私の場合には、日本学がそのグローバリゼーションのメカニズムの役割を果たしました。日本学は世界中を回る機会になり、狭い考え方や厳しく限られていた視点からの解放をもたらしました。何より、グローバリゼーションが私の地方研究の幅を大きく広げていくきっかけやアイデアを与えてくれたのです。世界全体を把握する鍵は地方です。世界に対する意識がなければ、鹿島台や宮城県の仙北地方の歴史を理解することはできません。そして、逆に鹿島台や仙北は世界史の重要な一環であることも事実です。国がいくら世界の人々を区別しようとしても、多国籍企業がいくら人間の権利を侵して、人々を搾取しようとしても、世界の人々は、国や会社を通じなくてもつながっているのです。これは私の日本学から学んだことです。

『万葉集』と中国の思想

齋藤智寛

3 『万葉集』と中国の思想

齋藤智寛

はじめに

「『万葉集』と中国の思想」という本章の題名を目にして、みなさんはどのような印象を抱かれたでしょうか。さもありなんと思われた方、意外の感に打たれた方、感想は十人十色であるかと思います。筆者は中国思想を専門としており、ふだんは主に中国の六朝隋唐時代（三世紀～一〇世紀）に古典中国語（いわゆる漢文）で書かれた文献を読んでいます。『万葉集』は奈良時代（八世紀）に編纂された書物ですから、ちょうど『万葉集』に前後する時代の中国について勉強していることになります。説明するまでもなく、『万葉集』は日本最古の歌集であり日本文学を代表する古典です。しかし、中国思想を勉強している目で読み直してみると「日本の古典」と単純には言えない部分が目についてくることもまた事実なのです。本稿では、『万葉集』に収録されたいくつかの作品を読み直しながら、中国の思想が万葉歌人に何をもたらしたのか、彼らの精神世界において漢語・

漢文とやまとことばとがいかなる役割を果たしていたのかを考えてゆきます。同時に、専門を持って読書するという営みの一端をお伝えできればと思います。

ところで、本稿は二〇一六年度に東北大学大学院文学研究科の主催で行われた斎理蔵の講座および有備館講座「わたしの日本《ニッポン》学び」での講演をもとにしています。この統一テーマで講演をしてみないかとお話をいただいた時、筆者にはやや戸惑いもありました。筆者は日本で生まれ育ち日本の大学に勤務しているのですが、これまでずっと母語や自国の文化に正面から向き合うことを避け続けており、大学で中国思想という専攻を選んだのも一つには日本のことは勉強したくないという思いがあったからです。筆者にとって、前近代の中国知識人がそうしたように儒家や道家の古典をひもとき、今の中国人が子どもの頃にそうしたように中国の児童書や毛沢東の著作などを読み、そうして習得した中国語で中国やその他海外の研究者らと議論することには、人生をもういちど生き直すような喜びがあります。中国の伝統思想に関心を持つには人それぞれの動機があり、日本人であれば自らの文化の源流を知りたいという欲求から漢文を読むことも大いにあり得るでしょう。でもわたしは、出来ることなら日本人として中国の古典を読みたくはありません。そうではなく、むしろ日本語が読める中国人のような驚きをもって日本の古典を読みたいと願っています。本稿での考察もまた、そのような姿勢でなされたものです。

一　『万葉集』とは何か

そもそも『万葉集』とはどのような書物なのでしょうか？　便宜上、高等学校の日本史で教えられているであろう内容を確認してみましょう。五味文彦『もういちど読む　山川日本史』では、八世紀の奈良を中心とする文化すなわち天平文化の成果として『万葉集』を挙げています。

> 8世紀の文化は平城京を中心にさかえ、聖武天皇のときの年号をとって天平文化とよばれている。
> ……和歌では、山上憶良《やまのうえのおくら》・山部赤人《やまべのあかひと》・大伴家持《おおとものやかもち》（ルビ引用者）らの歌人があいついであらわれ、『万葉集』が編さんされた。

読者の多くは、『万葉集』についてこのような認識をお持ちなのではないかと思います。しかし、筆者にとって右の文章にはいささか引っかかる表現があるのも事実です。それは「和歌」「歌人」という言葉で、『万葉集』は確かに原則として和歌を収録した歌集ですが、実は少数ながら漢詩や漢文作品も掲載されているのです。そして、代表的な歌人として挙げられた山上憶良や大伴家持は同時に漢詩・漢文の作者でもあります。中国思想を専門とする筆者としては、和歌よりもむしろ漢文や漢詩が気になるのです。

とは言え、『万葉集』に収録された作品の圧倒的多数は短歌、長歌、旋頭歌、仏足石歌などの和歌です。これらのやまとうたは『万葉集』内において、主に万葉仮名《まんようがな》という表記法によって記されました。万葉仮名とは、まだカタカナもひらがなもなかった奈良時代に、漢字の意味とは無関係に表音的に利用して日本語を記した表記法です。これには、字音仮名・字訓仮名・戯書の三種類があると言われます。
①字音仮名。中国の字音、いわゆる音読みを利用したものです。たとえば「奈泥之故」を「なでしこ」と読みますが、これは「奈」や「泥」を音読みで読んだ時の音を用いており、「泥（どろ）」や「故（ゆえ）」といった漢字の意味と植物のナデシコとは何の関係もありません。
②字訓仮名。漢字の訓読みが固定して他の読み方をする可能性が少なくなると、表音的な文字として使うことができます。たとえば、「名津蚊為」を「なつかし」と読みます。この場合は「名」を音読みの「メイ」ではなく、訓読みの「な」と読んでおり、以下「津」「蚊」「為」も同様です。訓読みはその漢字と同じ意味のやまとことばで読む読み方ですが、それでも「なまえ（名）」や「みなと（津）」と「なつかしい」という感情とはまったく関係がないわけです。
③戯書。なぞなぞや言葉遊びの要素を持った表記法です。たとえば「十六」を「しし（動物のシカでしょうか）」と読みますが、どうしてでしょう？　単純ななぞなぞですので、少し考えてみて

ください。答は巻末の注1に記します[1]。

また、「山上復有山」を「いづ（出づ）」と読みます。これはどうしてでしょうか？　一つ確実なのは、「山上復有山」は文法的に正確に綴られた漢文だということです。これを書き下し文にすると「山上に復《ま》た山有り」となります。ではそれをなぜ「いづ」と変換できるかですが、こちらはいささか難しい問題です。専門家の意見としては、山の向こうの山を見るためには山の頂上に登る、つまり山を出なければいけないから「出づ」だという説、「出」という漢字が「山」を二つ重ねたように見えるからという説があるようです。

この三種類の表記法のうち筆者が強調しておきたいのは、二番目の字訓仮名と三番目の戯書です。字訓仮名は、漢字が日本に伝来してから一定の時が経ち、その意味と読み方についての共通理解が形成されていなければ成り立たないでしょう。戯書であればなおさらです。特に例として上げた二つのうち後者は、漢文の作文力のある書き手が漢文読解力のある読み手を想定した表記と言えます。『万葉集』に収録された歌の作者と読者は、そうした漢字・漢文の深い教養を持った人々だったのです。

さらに、『万葉集』にはよりまとまった漢文で記された部分もあります。それが「題詞」と呼ばれる歌の前につけられた説明と、「左注」と呼ばれる歌の後につけられた解説です。『万葉集』では、漢字の音や意味をたくみに組み合わせた万葉仮名で和歌を記録し、それぞれの歌が作られた経緯な

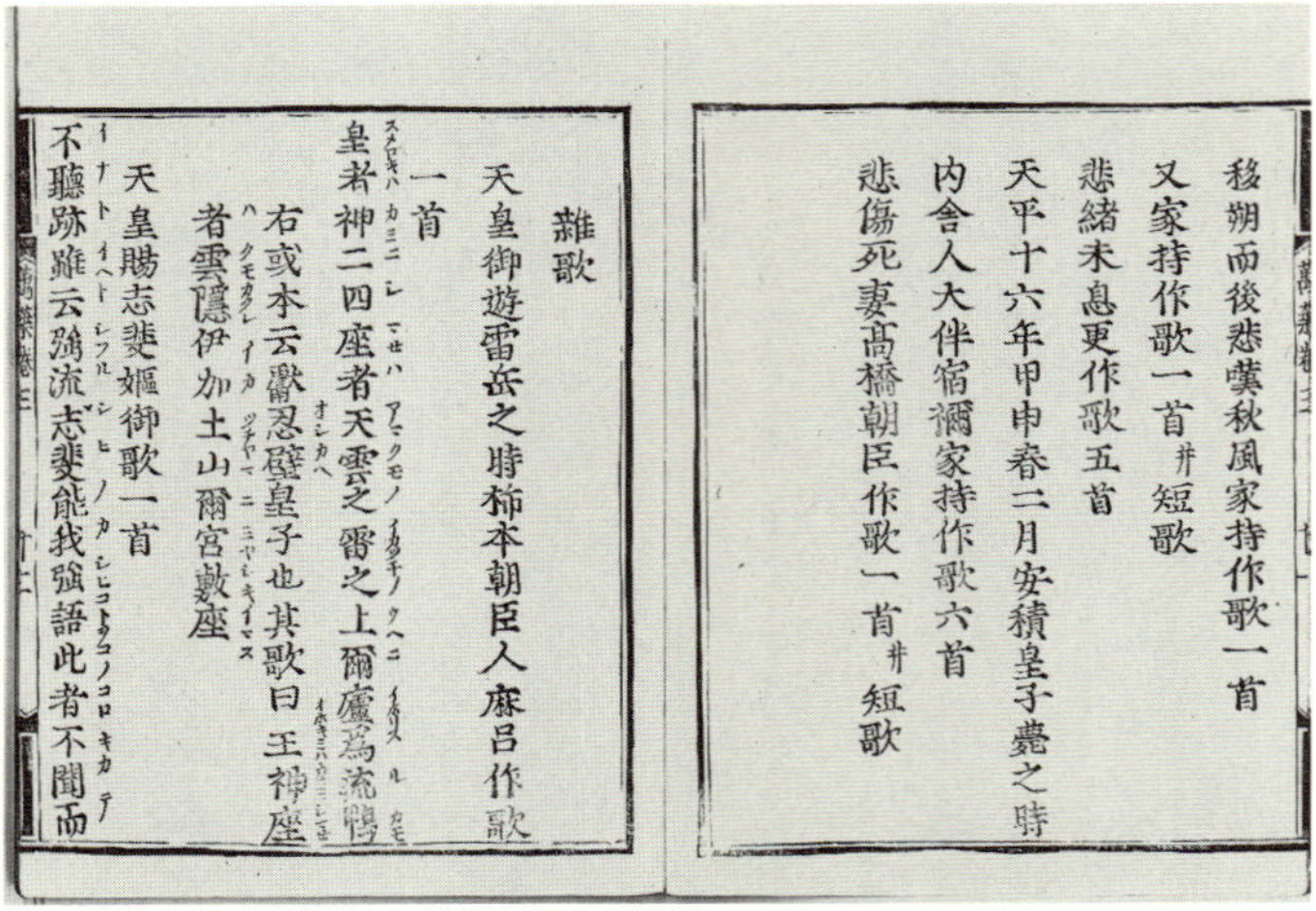
移朔而後悲嘆秋風家持作歌一首
又家持作歌一首并短歌
悲緒未息更作歌五首
天平十六年甲申春二月安積皇子薨之時
内舍人大伴宿禰家持作歌六首
悲傷死妻高橋朝臣作歌一首并短歌

雜歌
天皇御遊雷岳之時柿本朝臣人麻呂作歌
一首
皇者神二四座者天雲之雷之上爾廬為流鴨
右或本云獻忍壁皇子也其歌曰王神座
者雲隠伊加土山爾宮敷座
天皇賜志斐嫗御歌一首
不聴跡雖云強流志斐能我強語此者不聞而

【図1】　江戸刊本『万葉集』巻三（東北大学附属図書館狩野文庫蔵）

どの注釈は漢文で記していたのです。ここで【図1】をごらんください。これは江戸時代に出版された『万葉集』巻三の冒頭部分です。「雑歌」という部立の名称を記した次に、「天皇御遊雷岳之時、柿本朝臣人麻呂作歌一首」とありますが、これが「題詞」です。この一九字は漢文によって書かれており、訓読すると「天皇の雷岳《いかづちのをか》に御遊《あそ》びたまひし時に、柿本朝臣人麻呂《かきのもとのあそみひとまろ》の作りし歌一首」となります。こうして歌が作られた時と場所および作者を記しているのです。次の行の「皇者神二四座者　天雲之　雷之上尓　廬為流鴨」が歌本文で、これは万葉仮名による表記です。これを現代通行の漢字仮名混じり文になおすと、「大君《おおきみ》は神にしいませば天雲《あまくも》の雷《いかづち》の上に廬《いお》りせるかも」となります。[2] そして『万葉集』は、さらなる注釈をこの歌に加えます。それが歌本文の左側に二字下げで二行にわたり漢文で記された「左注」ですが、原文と訓読とを書き出してみましょう。

【原文】

右、或本云、献忍壁皇子也。其歌曰、王　神座者　雲隠　伊加土山尓　宮敷座

【書き下し】

右は、或《あ》る本《ほん》に云《いは》く、「忍壁皇子《おさかべのみこ》に献《たてまつ》りしものなり」といふ。其《そ》の歌に曰《いは》く、「大君は神にしいませば雲隠《くもがく》る雷山《いかづちやま》に宮敷《みやし》きいます」といふ。

おそらく『万葉集』以前に柿本人麻呂集などの歌集が成立しており、『万葉集』はそれらを材料として編纂されたのでしょう。この注は、そうした資料による伝承の違いを記したものです。この「左注」によれば、この歌は天皇ではなく忍壁皇子に捧げられたとする資料もあり、そこでは歌そのものもやや異なっているというのです。今は、こうした歌本文に附随する情報を『万葉集』は漢文によって注記していたことを強調しておきましょう。

二　「日本」の古典としての『万葉集』

このように、『万葉集』は漢字・漢文なくしては成立し得なかった歌集です。しかしながら、一方では『万葉集』こそが純粋な日本文化を体現するものという評価もまたしばしばなされるところです。こういう時に筆者が気になるのは、やはり中国での評価であります。『万葉集』の中国語訳はつとに北京大学で日本文学を講じた銭稲孫《せんとうそん》（一八八七〜一九六六）によってなされましたが、銭氏の翻訳は『万葉集選』の名の通り全体の六分の一を選んだ抄訳でした。中国でもっとも早い全訳は楊烈という人の翻訳で、これは一九八四年に出版されています【図2】【図3】。

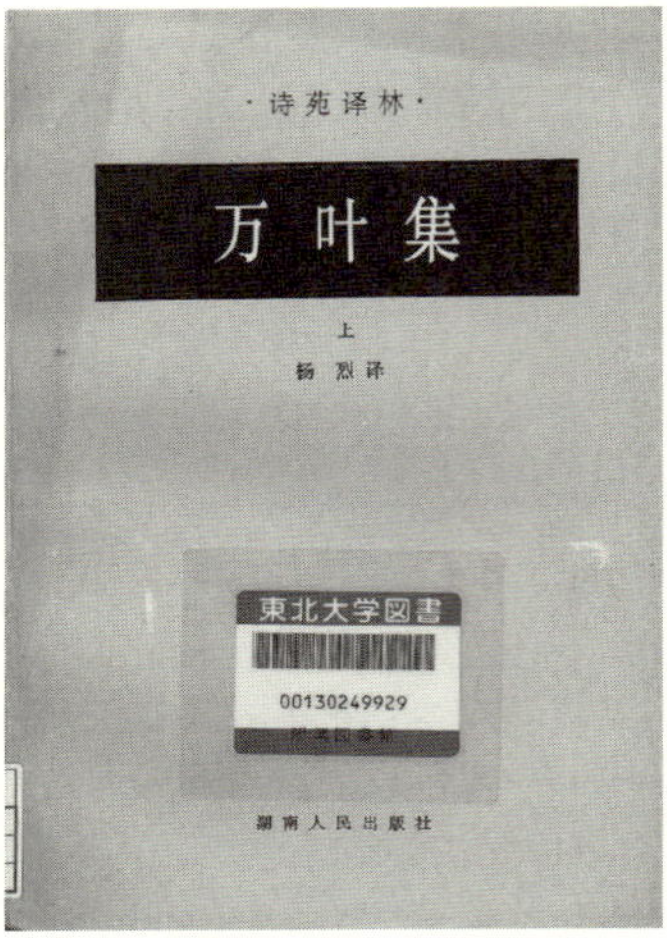

【図2】　楊烈訳『万葉集』上
（東北大学附属図書館蔵）

中国の読者に向けて『万葉集』を紹介する楊氏の「訳序」を見ると、「『万葉集』は日本最古の和歌集であり……『万葉集』の日本文学史上における地位はちょうど『詩経』の中国文学史上における地位と同じである」と説明されています。『詩経』とは、中国最古の詩集でありつつ、伝統的に孔子が編纂に関わったとされ「五経（易、書、詩、礼、春秋）」の一つに数えら

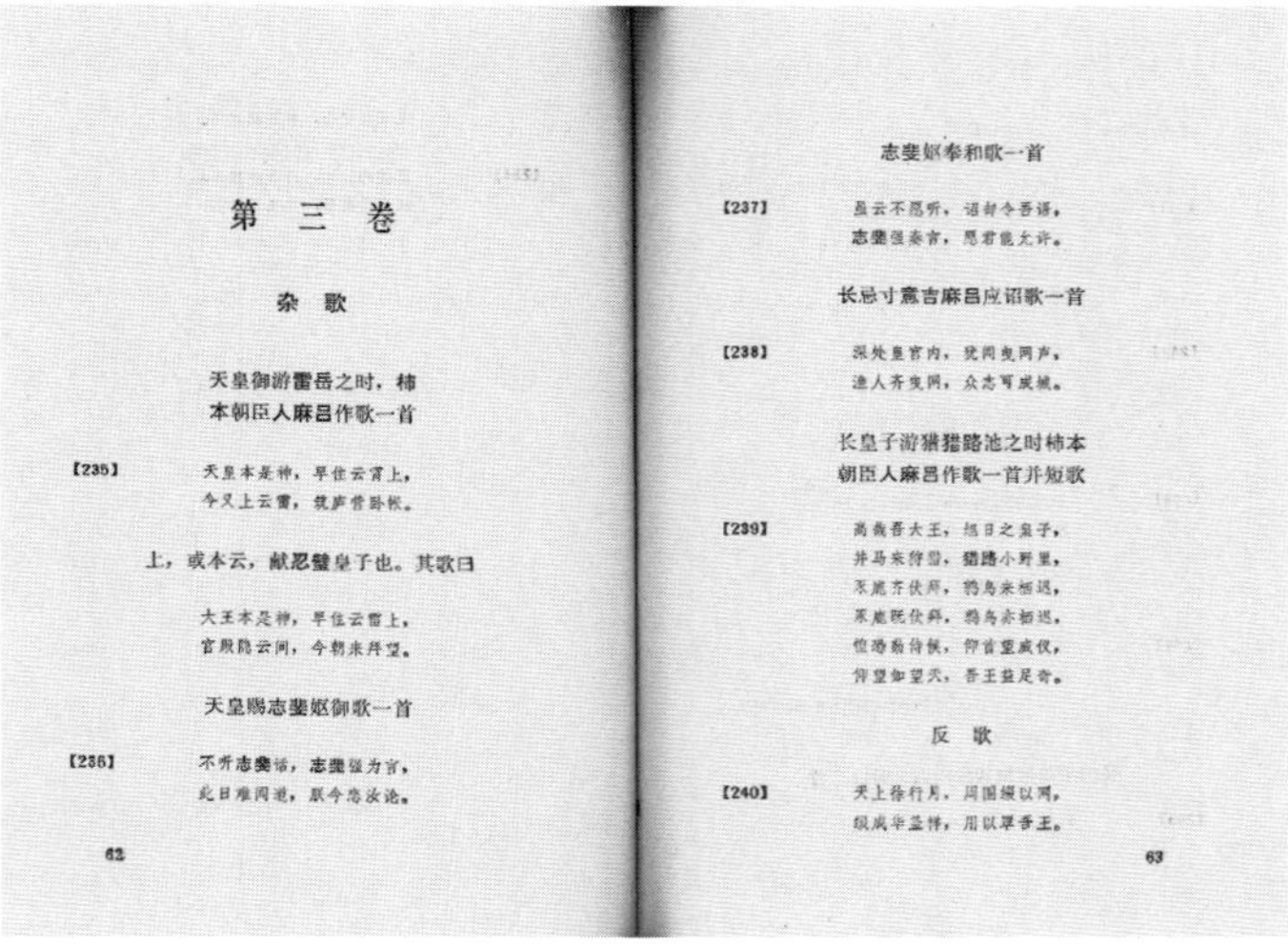
[235]

第 三 卷

杂 歌

天皇御游雷岳之时，柿本朝臣人麻吕作歌一首

【235】 天皇本是神，早住云宵上，今又上云雷，筑庐营卧帐。

上，或本云，献忍壁皇子也。其歌曰

大王本是神，早住云雷上，宫殿隐云间，今朝来拜望。

天皇赐志斐妪御歌一首

【236】 不听志斐话，志斐强为言，此日难闻道，朕今思汝论。

62

志斐妪奉和歌一首

【237】 虽云不愿听，诏却令吾语，志斐强奏言，愿君能允许。

长忌寸意吉麻吕应诏歌一首

【238】 深处皇宫内，犹闻曳网声，渔人齐曳网，众志可成城。

长皇子游猎猎路池之时柿本朝臣人麻吕作歌一首并短歌

【239】 高高吾大王，旭日之皇子，并马来狩猎，猎踏小野里，苯鹿齐伏拜，鹑鸟来栖迟，苯鹿既伏拜，鹑鸟亦栖迟，惶恐翁侍候，仰首望威仪，仰望如望天，吾王益足奇。

反 歌

【240】 天上徐行月，周围缀以网，缀成华盖样，用以罩吾王。

63

【図 3】 楊烈訳『万葉集』本文（巻三冒頭）

れる儒教の古典でもあります。楊氏は自国の読者に対し、中国文学史上の古典になぞらえて『万葉集』を紹介しました。その根底にあるのは、中国文学という独立した文学の流れがある以上はそれに対応する「日本文学」があり、その源流として『万葉集』があるという発想です。ここでは、先に見たような日本語や日本文化の二重性、すなわち漢字や漢文を離れてはその文学が存在し得ないという側面は切り落とされ、自国の読者に分かりやすい類比による説明が採用されているのです。

『万葉集』を「日本文化」の代表とみなす説は日本にもありました。江戸時代の国学者・本居宣長（一七三〇〜一八〇一）が初学者のために学問の心得を書いた『うひ山ふみ』では、次のように『万葉集』の学習が勧められています。

『万葉集』をよくまなぶべし……すべて神の道は、儒仏などの道の、善悪是非をこちたくさだせるやうなる理屈は、露ばかりもなく、たゞゆたかにおほらかに、雅《みやび》たる物にて、哥《うた》のおもむきぞよくこれにかなへりける（『万葉集』をしっかり学ぶべきである……およそ日本の神の道は、儒教や仏教などの道の、是非善悪をくどくどと定めるような理屈は露ほどもなく、ただ豊かにおおらかに、みやびなものであって、『万葉集』の歌の趣旨はよくこの神の道にかなうものである）

宣長にとって、儒教や仏教などインドや中国由来の思想は是非善悪を無理に分別しようとする理屈でした。神の道とはそうではなく、人のゆたかな情感の全体をそのままに包み込むものだと言うのでしょう。そして『万葉集』の歌には、そうした外来思想の影響を受けない日本固有の神の道が歌われているのだと説くのです。現代の楊烈氏による紹介文とは異なり、中国文学と等価値に置かれる日本文学という視点ではなく価値の上下を判断するものではありますが、ここでもやはり外国文化から独立した日本文学が想定されているわけです。

しかし単純な疑問がここで起こります。豊富な漢字の知識を利用した万葉仮名で歌をつづり、漢文によって歌の前書きや解説を記した『万葉集』に外来思想の影響がまるでないということがあり得るのでしょうか？　次章からは、いよいよ『万葉集』収録の作品を実際に読んでゆきましょう。

三 『万葉集』に見える道家思想と隠者の思想

まずは、『万葉集』巻十六には、次のような詠み人知らずの歌が収録されています。

心をし無何有《むがう》の郷《さと》に置きてあらば藐姑射《はこや》の山を見まく近けむ（三八五一）[3]

「心を『無何有の郷』に置けば、今にきっと『藐姑射の山』を見ることが出来る」というのですが、この「無何有の郷」「藐姑射の山」とはそもそも何でしょうか。実はこれは、中国の道家思想を代表する古典『荘子《そうじ》』に出て来る言葉です。まず「無何有の郷」は、『荘子』の第一篇にあたる「逍遥遊《しょうようゆう》篇」の次のような文の中に見える言葉です。

恵子《けいし》が荘子《そうし》に言った、「私の所には樗《おうち》という大木がある。その幹はこぶだらけで墨縄《すみなわ》で直線を引くことはできず、その小枝は曲がりくねってさしがねで測る事はできず、道端に生えていても大工たちは見向きもしない。いま君が口にしていることも、大袈裟で役に立たず、人々がそっぽを向くものだよ」。

荘子は言った、「君は野良猫を知っているだろう。身を低くして伏せ、憎たらしい鼠を待ち伏せして、右へ左へ跳び、どんな高いところへも低いところへも入ってゆく。そうして人間の罠にはまり、網に捕らえられて死んでしまうのだ。さて旄牛《からうし》というものは、空を覆う雲のように大きく、その大きな図体でかえって鼠を捕ることもできない。いま君は大木についてその無用を憂えているわけだが、どうしてそれを**何も無い里（无何有之郷）**・誰もいない野に植え、さばさばとその側で何もせずにおり、のびのびとその下で寝ないのか。斧やまさかりで切られることもなく、人に危害を加えられることもないのだから、役に立たないことをどうして気に病むことがあろうか」。

「何有」とは訓読すれば「何か有らんや」つまり何も無いのだという反語表現、「無（无）何有」となればその「何有」という反語さえも「無」いということでしょう。この一段は、荘子の論敵かつ親友であった恵子との対話です。恵子は、荘子の言論が大袈裟なものばかりで、あたかも規格に合わず材木にならない大木のようだと批判します。それに対して荘子は反論します。野良猫はすばしこく勤勉に狩りをするおかげで鼠捕りをさせようという人間に捕らえられ、その際に命を落とすことさえある。野牛は体は大きいが特に何ができるというわけでもないので人間からも放っておかれ、天寿を全うする。もし材木にならない木があったなら、それを人の往来する道端などではなく無人の荒野に植えてこそ、誰の役にも立たないという本性を全うさせるものではないか、と荘子は主張します。ここで何も無い場所「無何有の郷」とは、役に立つかどうか、人為的相対的な規範に合致しているか否かといった思考から解放されて自らのもちまえに心を落ち着けた境地の比喩なのです。

次に「藐姑射の山」ですが、これもやはり『荘子』逍遙遊篇に出る言葉で、肩吾《けんご》と連叔《れんしゅく》という恐らくは架空の人物同士の対話に見えます。

……肩吾は答えた「藐姑射の山（藐姑射山）に神人が住んでいる。肌はかたまった雪のように白く、肢体のしなやかなことはうら若い乙女のようである。穀物は食べず、風を吸って露を飲み、雲気の流れにまかせて飛竜にうち乗り、そのようにしてこの世界の外なる世界で遊んでいる。その精神が凝り固まると、それによってすべての物がそれぞれに発展をとげて、一年の実りも十分に成熟するようになるという。わしにはこの話は途方もない法螺に思えて信用できないのだ」

連叔は言う、「……いにしえの聖天子・尭《ぎょう》帝は天下の民を治め、国土のまつりごとを平らかにするために、四人の賢者を藐姑射の山・汾水の南に訪ね、ぼんやりとしてその天下を失ったのだ」。

「藐姑射山」は「藐《はる》かなる姑射山」と解釈する説もありますが、問題の歌では「藐姑射の山」を一つの固有名詞としているようですので今はそのように読みましょう。この藐姑射山とはどこにあるのか、右の引用ではそこに住む神人は世界の外に遊ぶと言い、一方では汾水（現在の山西省を流れる川）の南にあると言ってよくわかりませんが、いずれにしても神人や賢人の住む聖なる山のようです。そこに住む神人とは永遠の若さを保って竜に乗り、俗世にめぐみをもたらす、いわゆる仙人・神仙の一種でしょう。この神人が穀物を口にせず風や露を食事とすることもまた、不老長生を目指す実践です。日本では即身仏を目指す山伏たちや遊行の仏像彫刻家・木喰上人《もくじきしょうにん》らが穀断ちをおこないましたし、仙人は霞を食べるということを聞いたことのある方もいらっしゃるでしょう。藐姑射山は同時に、理想の帝王・尭が賢者を訪ねた場所でもあります。しかしその結果かれは、天下を治めようとする意識をなくし天下を忘れてしまいました。法律や道徳などの手段を尽くして人民を統治するという意識を忘れた聖人による統治が至高の天下であるという道家的な政治思想が、ここには見えます。そして世俗的なさかしらを忘れた境地という点で、先ほどの「無何有の郷」とつながって来ます。

ここでやっと、『荘子』から『万葉集』に戻ることができるようになりました。問題の歌のおおよその意味は、「世俗的価値観や相対的な思考を離れた無分別・無執着の心でいれば、自分を含む人々がのびのびとその持ち前に遊ぶ理想郷が実現する」といったことでしょう。ただしこのような散文的な説明にせず、あえて「無何有の郷」「藐姑射の山」という神秘的な固有名詞を織り込んだ歌をうたうのはやはり意味があることと思います。それはこの歌の作者にとって、こうした道家的な安心の境地が実現しがたいあこがれであったからではないでしょうか。前近代の日本人の意識を考える際に哲学と芸術とが区別された現代人の思考を当てはめるのは厳に慎まなければなりませんが、しかし散文と詩歌、やまとことばと漢語など、異なった表現を選択するにはやはり異なった意図があるはずだと筆者は考えます。このことは、本稿で何度も確認することになるでしょう。いずれにしても、この歌の作者は『荘子』に見える語と、恐らくはその背景となる対話にも精通し、自家薬籠中のものとして歌を詠むことが出来ていたのでした。『万葉集』では、名も無い歌人さえ高度な漢籍とそこで語られた思想に関する素養を持っていたことが知られます。その教養はまた、読者も共有していたものでしょう。

さて今度は有名な万葉歌人の作として、巻三に収録された大伴旅人《おおとものたびと》の連作「酒を讃《ほ》むる歌十三首」を読んでみましょう。取り上げるのは、その第三首です。この歌のみ、括弧内に原文の万葉仮名も記します。

いにしへの七の賢《さか》しき人どもも欲《ほ》りせしものは酒にしあるらし（古之　七賢　人等毛　欲為者　酒西有良師）（三四〇）

【図 4】 竹林七賢及び栄啓期磚画（中国南京、5 世紀）

「むかしの七人の賢人たちも求めたのはまさに酒であったようだよ」といった意味でしょうか。ここで問題となるのは「七の賢しき人（七賢）」とは何かですが、これはいわゆる「竹林の七賢」のことでありましょう。竹林の七賢とは、中国の魏晋時代（二二〇〜四二〇）に世俗を避けて高尚な議論や芸術活動をおこなったとされる七人の賢人のことです。この時代は後漢王朝が滅亡し戦乱と権力闘争の絶えない乱世でありましたが、同時に文化の爛熟期でもあって詩や書画といった文人趣味が隆盛したほか、形而上学や人物批評などを題材とした清談と呼ばれる高雅な議論がさかんにおこなわれました。そうした時代の文化を担った七賢には、「養生論」という文章を著し長寿と健康を得る方法すなわち養生術についてきわめて論理的な議論を展開した嵆康《けいこう》、ギターに似た弦楽器・阮咸《げんかん》の考案者とされる阮咸らが含まれ、まさに賢人の集団と言えるでしょう【図4】。

そして、そうした賢明な人々もまた酒を好んだのだと旅人はうたうのです。実際、七賢と酒とは切っても切れない縁があります。まず魏晋時代の一般的状況として、知識人が議論をする際には酒や五石散《ごせきさん》と呼ばれる向精神薬を飲みながらおこなう風潮がありました。また七賢のひとり劉伶《りゅうれい》には、酒のすばらしさを讃える「酒徳頌《しゅとくしょう》」(『文選《もんぜん》』に収録)という作品があります。さらに酒にまつわるエピソードが多いのは阮籍《げんせき》でしょう。世俗の礼儀作法の偽善をきらう彼は、母の葬儀の折にも深酒を飲んで酔っていたがしかし棺と別れる段になると悲しみのあまり血を吐いて倒れたと言われます。また時の権力者・司馬昭《しばしょう》の娘婿候補に挙がった時には、つねに泥酔して使者を迎え、使者はそのたびに縁談を持ち出すきっかけをつかめず退散するしかなかったとも伝えられています。権力者の婿になるのがなぜいけないのか疑問に思われる方もいらっしゃるかも知れませんが、中国では権力者と姻戚関係を持った人物が政変に巻き込まれ非業の死を遂げることがままありました。それならば触らぬ神に祟りなしというのが阮籍の態度だったのでしょう。この慎重さもまた賢人たるゆえんかも知れません。

長くなりましたが、旅人は中国のこうした賢人たちと酒にまつわる逸話を知っていて、その知識を自分の作品の背景として使用したのでしょう。そして旅人の作品を読む人々もまた、同じ教養を持っていたと考えられるのです。この歌や先に見た「無何有の郷」「藐姑射の山」を詠んだ歌は、道家や隠者的思考についての教養を背景にして精神的な自由へのあこがれをうたった作品と言えるでしょう。

四 『万葉集』に見える仏教

奈良時代は半島や大陸から伝来した仏教が定着し興隆した時代でもありました。『万葉集』には「陸奥国《むつのくに》より金《くがね》を出《いだ》せる詔書を賀《ことほ》く歌一首并《ならび》に短歌」と題する大伴家持作の歌が収録されていますが、これは東大寺の大仏建立にあたり陸奥国（宮城県）で金が発見されたことを祝う歌だと言われます。この作品ではまず長歌の形式により、遠国から黄金が献上されたことを中心に天皇の統べる国を神々が祝福し臣民が守ることをうたいあげ、[4]反歌（長歌に添えられる短歌）三首でしめくくられます。反歌の三首目「天皇《すめろぎ》の御代栄えむと東《あずま》なるみちのく山に金《くがね》花咲く」は、特に東北在住の読者は目にされたことがあるかも知れません。

これは国家事業としての仏教信仰を背景にした歌ということですが、ここでは歌の内容そのものが仏教に関わりのある作品を検討してみましょう。まず、前節で紹介した大伴旅人の「酒を讃むる歌十三首」を再び読んでみますが、その第十二首は次のようなものです。

今の代《よ》にし楽しくあらば来《こ》む生《よ》には蟲《むし》に鳥にも吾はなりなむ（三四八）

「今生で楽しいのならば、来世には蟲にも鳥にもなってやろう」といった意味でしょうか。ここで注意したいのは、「今の代」「来む生」という言葉すなわち現世と来世という発想があること、また来世は蟲や動物に生まれ変わってしまうこと、つまり飲酒を罪悪視する観念があることです。この輪廻転生説と飲酒の戒めが仏教に由来することは明らかですが、筆者は中国仏教を研究しておりますのでこういう常識的なことでも原典を確認したくなります。そこで、東アジアにおける代表的な戒律の典籍である『四分律《しぶんりつ》』を見ると、巻十六に次のような記述が見つかりました。

およそ酒を飲むなら、十の過失がある。一つには顔色が悪くなる……七つには、争いごとが多くなる。八つには、名声を失い、悪い評判が広まる。九つには、知恵が減退する。十には、肉体が衰え命が尽きれば、地獄・餓鬼・畜生の三悪道に生まれ変わる。

飲酒は十種類の好ましからぬ結果を招くというわけです。第一の過失や、第七から第八の過失までは仏教徒ならずともよくわかりますし、身につまされる読者もいらっしゃるのではないでしょうか。九番目の知恵が減退するとは日常的な意味での判断力低下のみならず、宗教的な愚かさが増してしまうというのでしょう。さて問題は十番目で、死後は三つの苦しみに満ちた生のどれかに生まれ変わってしまうというのです。旅人が歌ったのはこのことでしょう。歌にいう蟲や鳥は『四分律』でいう畜生道に当たります。これほど多くの、場合によっては深刻な来世にもつながる過失をもたらす酒は飲んではいけないというのが、『四分律』の論理でありましょう。

しかし注意したいのは、旅人は飲酒によって地獄や畜生にも生まれ変わり得るという仏教の戒律を知りながら、それでも今を楽しんだ方が良いとうそぶきます。酒には来世を棒に振ってもよいほどの魅力があるということでしょう。教理への知識を持ちつつそれを気にかけないポーズを取るユーモアが成立するほどに、旅人や彼の周囲の人々に仏教が根付いていたことがわかります。ちょうど医学が発達し医療制度がととのった現代において、医者に止められながらも酒タバコを続ける人が豪快に啖呵を切るようなものでしょうか。

竹林の七賢にせよ仏教の不飲酒戒にせよ、「酒を讃むる歌十三首」は権威としての外来文化に対する一種のくすぐり、余裕ある態度が見えました。次に、それとはちがって深刻な内容の作品を見てみましょう。『万葉集』巻五冒頭には「酒を讃むる歌」と同じ大伴旅人の作になる「凶問に報《こた》へし歌」が収録されています。これは左注によれば神亀《じんき》五年（七二八）六月二十三日の作になります。

世の中は空《むな》しきものと知る時しいよよますます悲しかりけり（七九三）

「この世の全ては実体が無くうつろいゆく空《くう》だと知った時、いよいよ悲しさが増すのだった」といった意味でしょうか。歌の前に漢文で記された題詞によれば、赴任先の筑紫（福岡県）で妻を失ったかれが今度は都からも肉親の訃報を受け取った時に詠まれた歌ということです。

「世の中は空しきもの」とは、おそらく仏教の空の思想、つまりすべての現象には固定的に実在する本質はないのだから執着すべき何物もないという思想と、あらゆる存在は一刻一刻にうつろいゆくという無常の思想を背景としているものと思われます。二人の縁者を同時に失って、旅人には無常の道理がひしひしと実感されたのでしょう。問題は、その実感を新たにした時、別離の悲しみがますます深くなったという旅人のもう一つの実感です。本来であれば、仏教教理としての空や無常の思想とは固定的実在だと思っていた対象の真実を見据えることによる解脱救済の論理です。旅人は恐らくそうした正統的な解釈は重々承知のうえで、しかし同じ事実がいまの自分には世の中のはかなさ頼りなさを裏書きするものにしか思えないという自己の心理を観察し、それを歌に詠んだのでしょう。この構造は、旅人が「酒を讃むる歌」では不飲酒の戒律に触れながらも酒の魅力にどっぷり漬かった自らの姿を歌っていたことを想起させます。

仏教教理を踏まえながら、しかしそこには収まりきらない人間存在の全体を歌うのが旅人の作る和歌の特徴とひとまずは言えましょう。ところが、この「凶問に報ふる歌」の場合はそこに止まらない複雑さと広がりを持っているようです。この歌の後には漢文によって、無常のことわりと誰もが死をまぬかれないという事実には釈迦仏や釈迦と同時代の在家仏教徒である維摩居士《ゆいまこじ》といった聖賢でさえも抗えないことを嘆く短文が記され、その末尾は七言の漢詩でしめくくられているのです。この文は大伴旅人の作であるという説と、その次に収録された「日本挽歌」の作者である山上憶良であるという説とがあるようですが、[5] まずは旅人が和歌に附録した漢文と漢詩だとみなして読んでみましょう。漢文のあらましは上述の通り、末尾の漢詩を掲げれば次のようになります。

【書き下し】

愛河《あいが》に波浪《はらう》は已《すで》に先に滅び、
苦海《くかい》に煩悩《ぼんなう》は亦《ま》た結ぶこと無し。
従来《じゅうらい》此《こ》の穢土《ゑど》を厭離《おんり》す、
本願《ほんぐわん》もて生《しょう》を彼《か》の浄刹《じょうせつ》に託《つ》せむ。

【現代語訳】

愛する人を失えば愛欲の河に波が立つことはもうないし、煩悩を抱えて苦しみの海に投げ出されることもない。これまでずっと、この汚れた俗世を厭《いと》い離れようとしていたのだ。全ての生きとし生けるものを極楽へ導こうという阿弥陀仏の根本の誓願におすがりして、来世はかの極楽浄土に生まれよう。

無常のことわりを悲しんだ旅人は、しかし最後には右のような決意にたどり着きます。大切な人も世を去った以上はこの世に愛着の対象はなく、執着による苦悩ももう味わうことはないというのでしょう。ここで旅人は、穢れたこの世界を離れて阿弥陀仏の極楽浄土へ往生するという信仰を思い出します。俗世に未練がなくなった以上は、阿弥陀仏を信じて浄土での生に希望を託して生きていこうと彼は決意するのです。

このように同じ作者の同じ題材による作品ですが、和歌と漢詩とではまるで異なった心境が詠み込まれています。短歌で強調されるのはどんな教えも悲しみをいやますことにしかならない深い嘆きであり、漢詩につづられたのは親しい人との永別を機縁に仏道に生きてゆこうという安心立命の境地です。この違いを、たとえば訃報を受け取った直後としばらくして気持ちの整理がついた後の作として捉えることは可能でしょう。しかし人の心とはそれほど単純なものではありますまい。悲しい事実をいったんは忍受したかに思えても最初に感じた理不尽さはいつでもよみがえり得るものでしょうし、仏の教えにすがろうという気持ちとどんな教えも役に立たないという苛立ちとは矛盾したまま同居し得るものではないでしょうか。筆者としては、旅人は仏教の教えとの対話を通して、また和歌と漢詩という二つの表現を通して、おのれの心の全体を見つめそして作品として定着したのだと考えたいのです。仏教という外来の思想と、漢詩という中国由来の文学形式とを手にした旅人は、それらを自己検証の鏡とし、また剥き出しの感情を超えた高い精神的境地を表現する手段としたのでした。

それでは、もしも山上憶良の作だとすればどうでしょうか。『万葉集』巻五は、旅人による短歌と作者不詳の漢文・漢詩に続いて、憶良作の長歌「日本挽歌一首」とそれに附随する反歌五首を収録しています。左注には「神亀五年七月二十一日、筑前国守《ちくぜんのくにのかみ》山上憶良 上《たてまつ》る」とあり、旅人の「凶問に報へし歌」のほぼ一ヶ月後に作られたことがわかります。実はこの時ふたりは上司と部下の関係でした。したがって「上る」相手も旅人であり、憶良は旅人を慰めるために「日本挽歌」を作ったのでしょう。

憶良は自作に「日本挽歌」と題していますが、「挽歌」とはもともと中国の詩のジャンルで、死者の棺を挽《ひ》く情景をうたった哀傷の詩です。日本風に言えば、野辺送りのうたとなりましょうか。南朝・梁の時代（六世紀）に編纂され、憶良が遣唐使として留学した唐の時代にさかんに学習された詩文集『文選』にも「挽歌」という部門が立てられ、繆襲《びゅうしゅう》（字《あざな》は熙伯《きはく》）・陸機《りくき》（字は士衡《しこう》）・陶潜《とうせん》（字は淵明《えんめい》）の三人の作品が収められています。「日本挽歌」とは、中国でうたわれる挽歌をやまとうたの形式で歌ったという意味でしょう。『万葉集』では巻二、三、七、九、十三、十五の各巻に「挽歌」という部門が立てられており、和歌のジャンルとしてもすでに確立していたことがうかがえます。さて憶良の「日本挽歌」は、奈良のみやこを遠く離れて九州の筑紫の国まで同行した妻が着任後さほどの日もおかずに世を去ってしまったことを旅人になり代わって述べ、末永く一緒に暮らそうという願いもむなしくなってしまったとその喪失感をうたいあげます。つづく五首の反歌もやはり妻をうしなった孤独や悔恨をうたうものばかりです。たとえばその第三首—

悔《くや》しかもかく知らませばあをによし国内《くぬち》ことごと見せましものを（七九七）

「ああ悔しい、こうなるとわかっていればこの筑紫の国を隅々まで見せていたのに」という意味でしょうか。生前の妻にもっと喜びを与えたかった、同じ体験を共有したかったという悔恨の情をうたった一首でしょう。また反歌の第五首は次のように、「日本挽歌」をしめくくります。

大野山《おおのやま》霧立ちわたる我《わ》が嘆くおきその風に霧立ちわたる

「大野山に霧が立ちこめている、私が嘆くため息が風となり霧はその風に乗って立ちこめているのだ」ということでしょうか。ため息となって漏れ、やがて山全体を覆い尽くす深い嘆きが、ここでは歌われています。さて問題となるのは、もしも旅人の歌と「日本挽歌」の中間に置かれた漢文・漢詩が憶良の作だとすれば、それと「日本挽歌」との関係をどう理解すれば良いのかでしょう。先に見たように漢詩では親しい人の死を機縁として仏道へ向かうことが詠まれていました。つまり憶良は、まずは仏の教えを知りながらも悲しみに沈む旅人に向かって正しい信仰の確立をうながし、その一方で旅人の嘆きをそのまま受け止め彼になり代わって悲しみを歌いもしたのです。仏教教理の正統な解釈は漢語により、それでもやみがたい悔恨や孤独の情緒に寄り添うにはやまとことばによる歌という使い分けが、ここには見られるようです。

五　山上憶良と中国思想

前章で見た大伴旅人の「凶問に報へし歌」は『万葉集』の巻五に収録されていますが、筆者が『万葉集』を通読してもっとも気になるのはこの巻五です。それは『万葉集』に収録された漢文・漢詩の多くがこの巻に見えるという編集上の特異性によることなのですが、その中心的な作者がすでに名前の出た山上憶良です。本章では、憶良の漢文作品を読んでその背後にある彼の中国的教養について確認してみましょう。

山上憶良は斉明《さいめい》天皇六年（六六〇）に生まれました。彼は遣唐少録《けんとうしょうろく》に任ぜられ、遣唐使として唐のみやこ長安に留学、慶雲元年（七〇四）に帰国します。帰朝後は神亀三年（七二六）ころ筑前守となり筑前（福岡県）に赴任しますが、この際の上官はこれまでの章で作品を検討した大伴旅人でした。のち、天平三年（七三三）ころに平城京（奈良）で没したと伝えられます。かれは唐に留学して高い中国的教養を身につけたことが予想されますし、また上司の大伴旅人も同種の教養を持っていたことから、帰国後も中国文化の影響が濃厚な環境に身を置いたことが推測されます。

さて大伴旅人の仏教受容については前章で検討しましたが、山上憶良は仏教をどのように受け入れていたでしょうか。また彼が中国で学んだ学問や制度の根幹には儒学があったはずですが、仏教と儒教との関係をどのように捉えていたのでしょうか。まずはそのことを考えてみたいと思います。『万葉集』巻五には、山上憶良の「俗の道の、仮に合ふは即ち離れ、去り易くして留まり難きことを悲しみ歎ける詩一首并《なら》びに序」（原漢文）と題する作品が収められています。この「詩」は漢語で書かれた漢詩、その序文も漢文で書かれており、和歌に付された解説ではない漢語のみで完結した一作品です。ここでは、筆者による現代日本語によって紹介しましょう。引用するのは「序」の冒頭部分です

ひそかに考えてみると、釈迦牟尼仏《しゃかむにぶつ》と慈氏弥勒菩薩《じしみろくぼさつ》の示された教えは、初めに仏・法・僧へ帰依する三帰と、不殺生《ふせっしょう》・不偸盗《ふちゅうとう》・不邪淫・不妄語・不飲酒《ふおんじゅ》の五戒とを説いて、この衆生の世界を教化する。周公・孔子の垂れた教えは、まずは君臣・父子・夫婦の三綱《さんこう》と、父は義・母は慈・兄は友・弟は順・子は孝の五教を設けて、国家を救おうとする。そこでわかる、仏教と儒教の導き方は二つだけれども、悟りを得れば一つなのだと。しかし考えて見ると、世界には恒

常的な実体はなく、だから山が谷になり谷が山になりして変化する。人には平等に定まった寿命というものはないから、だから長命な人と夭折する人とのちがいがある。

この序文および詩はおおむね仏教的無常観にもとづいて世の移ろいやすいこと、人の命のはかないことを嘆くものですが、この冒頭部分では仏教も儒教も教化方法がことなるだけで目標とするところは一緒なのだと認めています。もっとも、それに続けてすぐさま世界の本質が空であること、人の寿命がたのみがたいことなどが説かれますから、儒教が教化の対象とする国家秩序も究極的には頼りにならないと言うのでしょう。それでも一度は儒教と仏教との一致を宣言するのは、やはり官僚としての使命感から来るものでしょうし、そうした社会に対する責任感は彼が学んだ中国の士大夫たちの態度から学んだものと思われます。

憶良が儒仏の一致を説く手がかりとするのは、仏教の三帰・五戒と儒教の三綱・五教という教えの対応関係です。これら三つおよび五つの実践がどれも人々とその社会を善導するものということですが、このように徳目の対応関係から二教の一致を主張するのは、実は中国に先例があるのです。中国の南北朝時代から隋・唐時代の名族に顔氏を名乗る一族がいましたが、そのうちの一人・北斉の顔之推《がんしすい》（五三一～五九一）が著した『顔氏家訓』という書物には「帰心篇」という一篇が設けられ、彼の仏教信仰が次のように記されています。

仏教と儒教とは根本では一つだが、しだいに異なりを生じ、深浅の別が出来たのである。仏教の入門には五種の禁止事項を設けるが、これは儒教の仁・義・礼・智・信と、すべて符合する。仁とは、不殺の禁である。義とは、不盗の禁である。礼とは、不邪の禁である。智とは、不淫の禁である。信とは、不妄の禁である。

顔之推によれば儒教は仏教の深遠さには及ばないものの、根本では一つでありました。そして仏教の五戒と儒教の五常（仁義礼智信）が対応関係にあると指摘するのです。不飲酒戒がなく不邪淫が不邪と不淫に分割されているのが異なりますが、五戒と五常の一致によって儒仏一致を主張するのは共通していると言えるでしょう。憶良の中国思想に関する教養の深さは、単に儒教と仏教それぞれの教えを知っていたのみならず二つの教えの関係についての議論までも消化するまでに至っているのです。

それでは、右に見た儒教と仏教にもう一つの中国の重要な思想である道家・道教を加えた場合には、憶良はどのような思索を展開したのでしょうか。やはり『万葉集』巻五収録の漢文作品「痾《やまひ》に沈みて自ら哀しむ文」を検討してみましょう。ここでも、引用は現代日本語に翻訳した形で示します。

わたしは生まれてこのかた今日に至るまで、自ら善を修めようという志があり、悪をなそうという心はいまだかつて無かった。だから仏・法・僧の三宝を礼拝して日々怠らず、神々を敬い重んじて一日も欠かしたことがないのである。ああ、情けないことだ。わたしはどんな罪を犯して、この重い病を得てしまったのか。

重病にかかった憶良の嘆きの内容は、その運命の不条理さに向けられているようです。ここで示されているのは、病気とは罪に対する報いとしてもたらされるものという認識でしょう。憶良はみずからの行いを振り返り、善行につとめ神仏を信仰していた自分には病気になるいわれなど本来はないはずだと憤っているのです。ここで三宝を礼拝していたと言われるように、病が悪行のむくいであるとはひとまずは仏教的発想です。しかし、仏教と同時に憶良が学んでいた儒教にも、同じ考え方は見えています。次に掲げるのは儒家の古典『礼記《らいき》』檀弓《だんぐう》篇の一節です。

孔子の弟子・卜商子夏《ぼくしょうしか》がその子と死別し、さらに失明した。兄弟弟子の曽参《そうしん》がそれを見舞って言う、「わたしは聞いている。友人が視力を失ったなら慟哭するものだと」。曽子が慟哭すると、子夏もまた慟哭して言った、「天よ！　わたしには罪が無いのだ」。曽子は怒って言った、「商よ、君にどうして罪が無いことがあろうか」……子夏は喪に服する者が持つ杖を投げ捨てて言った、「わたしが間違っていた、わたしが間違っていた」。

子どもに先立たれ、しかも視力まで失うという悲運に見舞われた子夏は天に向かってみずからの無罪をうったえます。子夏らにとって、失明という障害は何らかの罪に対する罰として与えられるものでした。中略した部分には曽参の考える子夏の罪が列挙されますが、中には孔子の没後に孔子と容貌が似ていることを利用して弟子を集めたなど、今日的な感覚からは罪悪と決めつけるのもいささか不可解な例もあり、あるいは儒家の学団内における学派間の争いが反映しているのかも知れません。いずれにしても、子夏は曽参の指摘を聞いて自分には罪があったと認めています。子夏にあっては、みずからの罪を認めることが失明という悲劇を納得することでもありました。ひるがえって憶良は、生まれて以来のわが身を振り返ってもまるで罪は見当たらないために自分の運命を受け入れることが出来ずにいるのです。

しかし憶良は嘆いてばかりでもありません。この「痾に沈みて自ら哀しむ文」の末尾では、本復への希望を述べて文を結んでいるのです。

いったい、さまざまな生き物は全て、いずれ限りある肉体を持ちながら、一方では窮まりない永遠の命を求めるものである。だから、道士たちが自ら不老不死の丹薬の処方を書いた経典を背負い、名山に入って薬を調合するのは、本性をやしない精神をなごやかにして、不老長寿を求めるのである。だが『抱朴子《ほうぼくし》』極言篇に言う、「神農は言った、あらゆる病をまず治さねば、どうして長寿が得られよう」と……願わくは、この病がすぐに治癒し、幸いにも本復を得られるよう。

まず憶良は、あらゆる生き物の肉体には寿命があることと、しかしその事実にさからって不老長生を求めるものであることと、この両面を生き物に自然な性質として認めます。その上で、道教の修行者である道士（原文は「道人方士」）のおこないに言及します。道教は漢民族の宗教ですがそれを定義するのは難しく、『老子』および『荘子』の思想である道家と同一の学派なのか否かを含め、「道教とは何か」という問い自体が道教研究の一大テーマにもなっています。ここではひとまず、不老不死の仙人になることを目指してさまざまな実践をおこない、神々を信仰する宗教としておきましょう。その道教の修行者である道士が経典を学び、わざわざ山深く分け入って薬草を採集し不死薬を作ろうとするのも、そうした生き物の自然にかなったおこないだというのです。

ついで憶良は道教の古典の一つ『抱朴子』を引用して、しかし不老不死を求めるにはまず病気を治すのが先決だと述べます。まずは病気の無い健康体を獲得し、その上であらためてその肉体の永遠を求めるのが筋だというのでしょう。ここで取り上げられている『抱朴子』は中国・晋（四世紀）

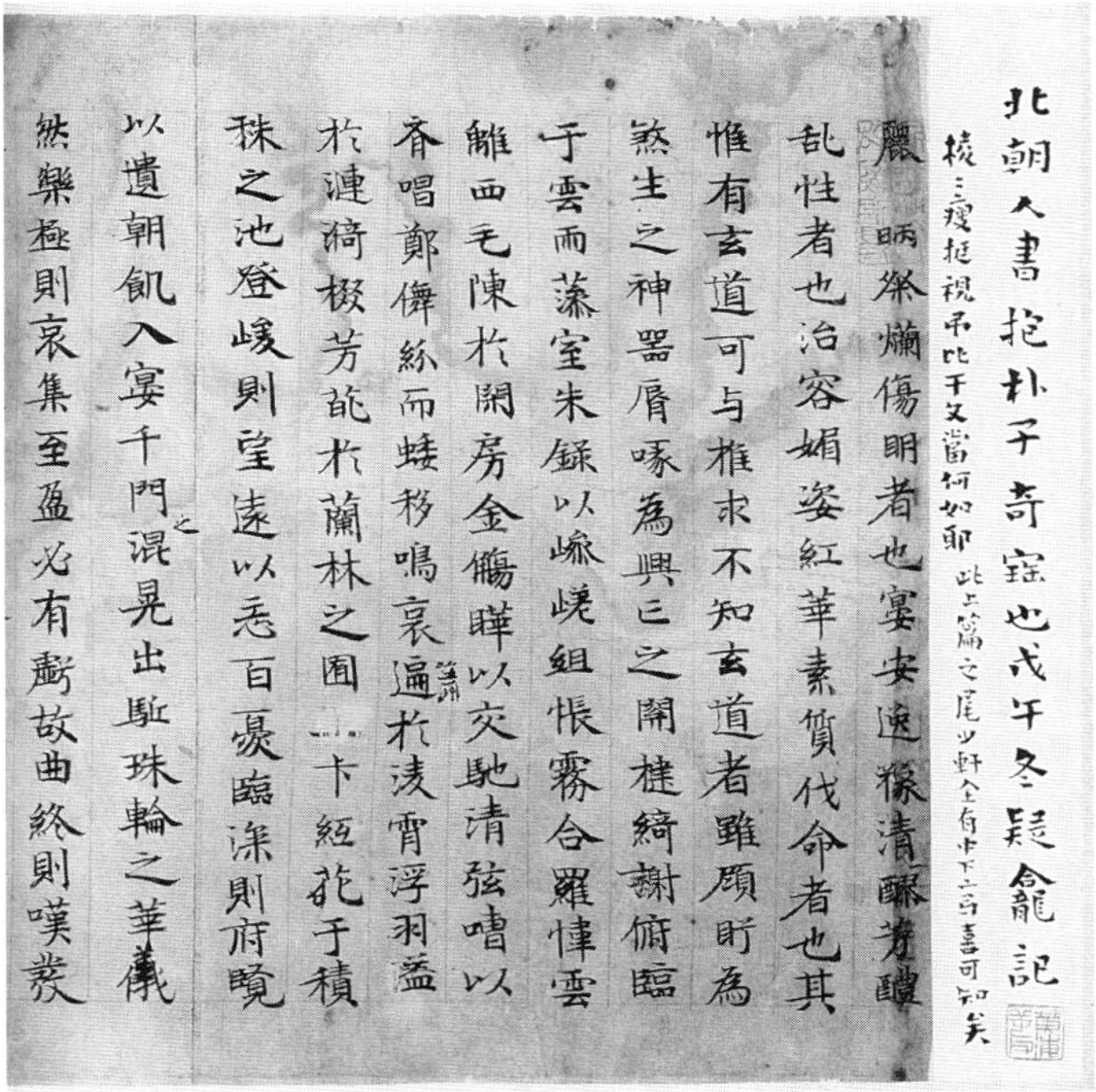
北朝人書抱朴子奇寳也戊午冬疑龕記
棲遲隱視弔比干文當何如耶　此上篇之尾少許仝有中下二篇喜可知矣
麗彧粲爛傷明者也宴安逸豫清醪芳醴
乱性者也冶容媚姿紅華素質伐命者也其
惟有玄道可与推求不知玄道者雖顧眄為
煞生之神器脣喙為興亡之關楗綺榭俯臨
于雲而藻室朱綠以嵱嵯組帳霧合羅幃雲
離西毛陳於閑房金觴曄以交馳清弦嘈以
齊唱鄭儛紛而蛾移鳴哀簫遍於淩霄浮羽盈
於連漪擷芳蕤於蘭林之囿卞紅花于積
珠之池登峻則望遠以忘百憂臨深則府覽
以遺朝飢入宴千門之混晃出驅珠輪之華儀
然樂極則哀集至盈必有虧故曲終則嘆發

【図5】　敦煌本『抱朴子』暢玄篇残巻（台東区立書道博物館蔵）

の葛洪《かっこう》の主著で、その前半部分は仙道について述べられており後に道教経典の一つとされた書物です【図5】。引用文に出る「神農」は世界のあらゆる植物を舐めて食べられるものと毒のあるものを分けたと言われている伝説の帝王で、農業と薬学の始祖でもあります。現在の日本でも、大阪道修町《どしょうまち》の少彦名神社《すくなひこなじんじゃ》は薬問屋街の神社として医薬神としての神農を祀っていますし、いわゆる的屋《テキや》の守護神として名前を聞いたことのある読者もおられるでしょう。憶良は道教の典籍を読み消化した上で、限りある命を持ちながらそれを永遠に長らえさせたいとねがう人間の矛盾について思索し、表現したのです。

中国の精神文化に指導的役割を果たした儒教・仏教・道教の三つの教えを「三教」と言いますが、本章では憶良の漢文作品二首についてそこに見える三教の思想を検討しました。彼は中国の知識人の論法を借りて儒教と仏教の一致を述べ、「痾に沈みて自ら哀しむ文」では納得出来る理由も無く病にさいなまれる不条理に苦悩し、脆弱な肉体を持ちながら不老長生をねがう自己の心理を三教の思惟を自在に用いて記しました。憶良の思索にあっては儒仏道三教の教えが、人間存在の多面性をゆたかに捉え自己の複雑な心理をすくい取って言語化することを可能にしたのです。

おわりに

これまで述べて来たことにより、『万葉集』には少数ながら漢詩漢文も収録されているという事実と、和歌であっても中国思想を背景とした作品がままあること、万葉歌人たちがやまとことばと漢語、漢詩漢文と和歌という二つの言語世界を行き来して豊かな自己省察と表現を実現していたことが、お分かりいただけたかと存じます。それにも関わらずこれが「日本文学」の源流とされ、時として外国の影響を受けなかった時代の産物であるとまで言われるのは、およそ古典として読み継がれる典籍はそれを受容する人物や時代の要請によって評価されるものであることを示しています。そのように新たなイメージを付与され続けることこそが古典の生命力だと言うこともできるし、伝統というものの虚構性として警戒することも必要でしょう。

さて本稿を結ぶにあたりもう一度、本書の題名である「わたしの日本《ニッポン》学び」に立ち戻りましょう。以前アメリカ人研究者と話していた時、なぜ日本人のあなたが中国の思想を研究するようになったのかと訊かれたことがあります。その時には、日本語や日本文化は与えられたものであって自分が選んだものではない、大学に入ってから自らの専門として選んだ中国の古典を読み、中国語を話すことはわたしにとって一種の解放なのだ、と答えたところ相手は何となくわかってくれたようでした。しかし今回『万葉集』を再読してみて思い知らされるのは、日本文学や日本文化はその最初期から漢語や中国文化と分かちがたく結びついており、中国の古典を学ぶという選択も実はそのような文化の中で育って来たことに規制された限定的な自由であったことです。そんなことは初めからわかり切ったことかも知れませんが、わたしは人がすでに答を出したことであっても、同じ道をたどって同じ景色を見、同じ足の疲れを感じてようやく納得するようです。世の中にはそのような読書をする人間もいると知っていただければ、喜びこれに勝るものはありません。

【読書案内】

※順不同。筆者が現物を確認したもののみを掲載しました。原文の校訂や訳注、児童書、専門書など形式はさまざまです。

佐佐木信綱編『新訂新訓　万葉集（上）（下）』（岩波文庫）岩波書店、一九二七年
佐竹昭広ほか校注『万葉集（一～五）』（岩波文庫）岩波書店、二〇一三～二〇一五年
佐竹昭広ほか校注『原文万葉集（上）（下）』（岩波文庫）岩波書店、二〇一五～二〇一六年
中西進訳注『万葉集　全訳注原文付（一）～（四）』（講談社文庫）講談社、一九七八～一九八三年
中西進編『万葉集事典　万葉集全訳注原文付別巻』（講談社文庫）講談社、一九八五年
伊藤博訳注『新版　万葉集　現代語訳付き（一）～（四）』（角川ソフィア文庫）角川書店、二〇〇九年
折口信夫『口訳万葉集（上）（中）（下）』（岩波現代文庫）岩波書店、二〇一七年
多田一臣『万葉語誌』（筑摩選書）筑摩書房、二〇一四年
木俣修『万葉集』ポプラ社、一九六六年
大星光史『日本文学と老荘神仙思想の研究』桜楓社、一九九〇年
魚住孝義『万葉集天の川伝説　中国・老河口紀行』花伝社、一九九二年
谷口茂『外来思想と日本人　大伴旅人と山上憶良』玉川大学出版部、一九九五年

増尾伸一郎『万葉歌人と中国思想』吉川弘文館、一九九七年
白川静『万葉集』(「白川静著作集」十一)平凡社、二〇〇〇年
神野志隆光『万葉集をどう読むか―歌の「発見」と漢字世界』東京大学出版会、二〇一三年
鈴木道代『大伴家持と中国文学』笠間書院、二〇一四年
鄒双双『「文化漢奸」と呼ばれた男　万葉集を訳した銭稲孫の生涯』東方書店、二〇一四年
梶川信行編『おかしいぞ！　国語教育　古すぎる万葉集の読み方』笠間書院、二〇一六年
五味文彦『もういちど読む　山川日本史』山川出版社、二〇〇九年
本居宣長著、村岡典嗣校訂『うひ山ふみ　鈴屋答問録』(岩波文庫)岩波書店、一九三四年
金谷治訳『荘子』全四冊(岩波文庫)岩波書店、一九七一～一九八三年
森三樹三郎訳『荘子』Ⅰ、Ⅱ(中公クラシックス)中央公論社、二〇〇一年
福永光司・興膳宏訳『荘子　内篇』(ちくま学芸文庫)筑摩書房、二〇一三年
吉川忠夫『魏晋清談集』(中国の古典)講談社、一九八六年
吉川忠夫『風呂で読む竹林の七賢』世界思想社、一九九六年
石田瑞麿『梵網経』(仏典講座14)大蔵出版、二〇〇二年
内田泉之助・網裕次訳『文選　詩篇(上)(下)』(新釈漢文大系一四、一五)明治書院、一九六三～一九六四年

松枝茂夫・和田武司訳『陶淵明全集（上）（下）』（岩波文庫）岩波書店、一九九〇年
池田亀鑑校訂『枕草子』（岩波文庫）岩波書店、一九六二年
宇都宮清吉ほか訳『世説新語　顔氏家訓』（中国古典文学大系9）平凡社、一九六九年
本田済ほか訳『抱朴子　列仙伝・神仙伝　山海経』（中国の古典シリーズ4）平凡社、一九七三年
道修町少彦名神社ホームページ http://www.sinnosan.jp/index.html

【図版出典】

図1～図3、筆者スキャン。
図4、維基百科（ウィキペディア簡体字中国語版）https://zh.wikipedia.org/wiki/ 竹林七贤
図5、磯部彰編『台東区立書道博物館所蔵　中村不折旧蔵禹域墨書集成』中、二玄社、二〇〇五年

【注】

1　これはかけ算の九九で四かける四が十六、「ししじゅうろく」から来ているものと思われます。この頃の日本にはすでに九九表が伝来しており、『万葉集』の読者として想定された人々は九九を暗誦し

ていたことがうかがえます。

2 以下、『万葉集』の引用は佐竹昭広ほか校注『万葉集（一〜五）』（岩波書店、二〇一三〜二〇一五）によります。

3 括弧内の番号は『国歌大観』の番号で、本稿で底本とする岩波文庫本『万葉集』（前注参照）などもこの番号を採用しています。

4 軍歌「海行かば」の歌詞「海行かば　水漬《みづ》く屍《かばね》　草生《む》す屍　大君《おおきみ》の　辺《へ》にこそ死なめ　顧みはせじ」は、もともとこの長歌の一部です。

5 注2掲岩波文庫本『万葉集（二）』四七頁参照。

6 『枕草子』第二一一段に「書《ふみ》は『文集《もんじゅう》』（白氏文集）、『文選』、『新賦』、『史記』五帝本紀、願文、表、博士の申文」とある『文選』です。

7 重病や深刻な障害等であればもちろん、そうでなくとも何か大事な局面で体調を崩してしまった時など、自分には格別の宗教心は無いと思っている人でもつい「何かの罰が当たったのではないか」「自分が何をしたというのだ」などと思ってしまうことはないでしょうか。こうした感覚は時代や文化的背景にかかわらず人類には共通するものでそれを説明するために宗教や思想が生まれるのか、現代日本人の感覚にも東アジア伝統思想の影響が根強く残っているということなのか、筆者には興味深く思われます。前近代の思想を安易に現代的発想で読むことは現に慎まねばならないのですが、

8

それと同じくらい、自己の意識にこびりついた思考の癖のようなものが何に由来するのかを自覚しておくことは重要なことだと筆者は考えます。そしてその自覚には、伝統思想やその影響化にある諸観念がこんにち的には差別や抑圧を招きかねないことへの警戒も含まれるでしょう。

つけ加えておきたいのは、漢語や中国思想は理性的で、やまとことばや和歌は情緒的であるとは必ずしもならないということです。確かに大伴旅人の「凶問に報へし歌」と関連する漢文・漢詩作品にはそのような役割分担が見られましたが、第三節で見た巻十六の詠み人知らずの歌では、『荘子』に由来する「無何有の郷」「藐姑射の山」という漢語は、理屈よりは直観による安心を暗示し、論理的思索よりは憧憬の念を表現するものであったと考えます。

『古今和歌集』をあじわう

大木一夫

4 『古今和歌集』をあじわう

大木一夫

はじめに

世界のなかのさまざまな言語は、韻文という一定の音の調子をともなった文章を有していることがあります。たとえば、古代の中国語（漢文）は平仄《ひょうそく》という音の高低の決まりをもった文章を有しています。いわゆる漢詩です【図1】。また、ラテン語・古典ギリシア語の詩では、音の長いまとまりと短いまとまりが規則的に配置されます。日本語における韻文は和歌と呼ばれます。そして、和歌における「一定の音の調子」とは音数です。つまり、和歌は音数が決まっている韻文です。五音、七音の句がまとまってできた日本語の詩を御存じですね。たとえば、次の和歌は、五七五七七という形で、五音の句二句、七音の句三句の合計五句からできあがっています。

江南春　杜牧
千里鶯啼緑映紅
水村山郭酒旗風
南朝四百八十寺
多少楼台煙雨中

江南《コウナン》の春《はる》
千里《センリ》鶯《うぐいす》啼《な》いて緑《みどり》紅《くれない》に映《エイ》ず
水村山郭酒旗《スイソンサンカクシユキ》の風《かぜ》
南朝《ナンチヨウ》四百《シヒヤク》八十寺《ハツシンジ》
多少《タショウ》の楼台《ロウダイ》煙雨《エンウ》の中《うち》

【脚韻】
○○○○○○紅　-ong
○○○○○○風　-ong
○○○○○○○
○○○○○○中　-ong

みわたすかぎりの春景色、到る処に鶯は啼き、木々の緑と花の紅が照り映える
水辺の村里に、山際のまちに、酒屋ののぼりが風にはためく
南朝以来の四百八十と称する寺のむれ
数知れぬたかどのが茫々とけぶる雨の中にかすんで望まれる

【平仄】

1				
2	○	●	●	○
3				
4	●	○	○	●
5				
6	○	●	●	○
7				

①句末の「紅・風・中」字の発音は末尾が-ongで共通している。このように句末の音を揃えたもの脚韻という。
②漢詩は音調の決まりがある。たとえば、「江南春」のような七言絶句（七字四句）は、上のように音調を配する。○は平字という平らな音調の字、●は仄字という抑揚をもつ音調の字が配される。

【図1】　漢詩の韻律（大島正二『唐代の人は漢詩をどう詠んだか』による）

（1）ひさかたの　ひかりのどけき　はるのひに　しづごころなく　はなのちるらむ

（久方の　光のどけき　春の日に　静心なく　花の散るらむ）

初句　第二句　第三句　第四句　第五句

このような五七五七七の音数律でできあがっている歌を短歌といいます。そして、この短歌は古い時代の日本語のなかにも見られるもので、いってみれば伝統的な韻文の形式なのです。この本は「日本《ニッポン》学び」というテーマを掲げていますから、ここではそれに沿って、この伝統的な韻文である短歌（和歌）について、平安時代の和歌集『古今和歌集』をとりあげて、あじわってみることにしたいと思います。

和歌というのは一定の決まった形を持っていますが、日本語の文章であることは間違いありませんから、「和歌をあじわう」ということになれば、当然、その文章の内容をあじわうということになるわけです。が、実はあじわう対象はそれにかぎりません。ここでは『古今和歌集』という歌集のさまざまな側面について、あじわってみたいと思います。そして、それを通じてさまざまな側面をとらえた日本の古典の継承につなげていければと思います。

一　古今和歌集名歌選

『古今和歌集《こきんわかしゅう》』（以下、『古今集』）に収められた歌として、次のような歌を御存じかもしれません。（　）内に当該歌の所在（巻、部立《ぶたて》、歌番号）を示します（引用は、小沢正夫・松田成穂編、新編日本古典文学全集による）。また、［　］内に現代語訳を掲げておきます。現代語訳はとくに注記のないかぎり、私が歌のことばにできるだけ即す形で訳したものです。

小野小町

（2）花の色は移《うつ》りにけりな いたづらにわが身世にふるながめせしまに（巻第二 春歌下 113）
［花の色は移ろってしまったなあ。むなしく我が身も古くなってしまったよ、物思いにふけっている間に。］

桜の花の散るをよめる　紀友則

（3）久方《ひさかた》の光のどけき春の日に静心なく花の散るらむ（巻第二 春歌下 84）
［日の光がのどかな春の日なのに、桜は、ゆったりと落ち着いた心がなくてなのだろう、花が散っているよ。（「久方の」は「光」にかかる枕詞）］

（2）は女流歌人として有名な小野小町《おののこまち》の歌。（3）は紀友則《きのとものり》の歌で、春の日に桜が散っているのを見てのものです。それぞれの歌の前には詠者の名前が記されます（前の歌と同じ場合は省略）。また、（3）の歌の前に「桜の花の散るをよめる」（桜の花の散っているのを詠んだ歌）とあるのは、「詞書《ことばがき》」と呼ばれるもので、『古今集』の撰者（歌を選んで編集した人）がつけた歌の詠まれた状況の説明です。この歌を御存じだという方は、おそらく、お正月のカルタ【図2】でおなじみの『百人一首』の歌としてではないでしょうか。『百人一首』とは百人の歌人の歌を一首ずつ選んだ秀歌選ですが、その中でもっとも知られているのが、鎌倉時代に活躍した歌人で古典学者の藤原定家《ふじわらのさだいえ》（ていか、とも。一一六二～一二四一）が京都の小倉山《おぐらやま》の山荘で選んだとされる『小倉百人一《おぐらひゃくにんいっ》首《しゅ》』です。後に述べますが、『古今集』も秀歌選というべきものでして、そういった秀歌選の中からさらに選ばれた名歌が『小倉百人一首』所収の歌ということになります。ですから、これらの歌は秀歌中の秀歌ということになるものです。これらの歌は平安時代の歌ですが、それから千年以上後の現代でもよく知られたものであることからすると、『古今集』の影響力は、相当程度大きいものだということが推察されるところです。なお、『小倉百人

【図2】 小倉百人一首カルタ

一首』には『古今集』の歌は二十四首収められており、『小倉百人一首』所収歌としては最も多いものとなっています。

さて、次の歌はどうでしょうか。御存じでしょうか。

（4）ちはやぶる神世《かみよ》もきかず龍田川 韓紅《からくれなゐ》に水くくるとは

なりひらの朝臣

（巻第五 秋歌下 294）

［こんなことは神代の昔にも聞いたことがない。龍田川の水を韓紅色に括り染めにするとは。（「ちはやぶる」は「神」にかかる枕詞）］

この（4）は在原業平《ありわらのなりひら》の歌で、秋の龍田川《たつたがわ》の景色を詠んだものです。龍田川に紅葉が落ちて川が赤く染まっている様子を、真っ赤な絞り染めに見立てた歌で、この歌も『小倉百人一首』所収の歌ですので、（2）（3）と同様の理由で知っているという人も多いでしょう。また、このようによく知られていることを機縁として、この歌を扱った古典落語があります。その名も「ちはやぶる」。おなじみのご隠居さんと八っつぁんの掛け合いで、ご隠居さんが、八っあんにこの歌のいい加減な解釈を教えるという話です。その話は、関取《せきとり》の「龍田川」が花魁《おいらん》の「千早《ちはや》」を好きになったが、千早には振られ（＝「千早振る」）、そこで、妹分の「神代《かみよ》」にも言い寄ったが、その神代もいうことを聞かず（＝「神代も聞かず」）、このことで成績が振るわなくなった龍田川は関取を廃業して実家の豆腐屋を継いだ。何年か経って、そこへみすぼらしい女がやってきて「おからをくれ」という。その女をよく見ると、それは千早の落ちぶれた姿だった。龍田川はそれを断る（＝「から呉れない」）と千早は井戸に飛び込み入水自殺をした（＝「水くぐる」）と隠居が話すものです。最後に、八っつぁんは、まだ最後の「とは」の部分説明がないと隠居にせまると、隠居は「「とは」は千早の本名（幼名）だ」と答える話で、隠居の知ったかぶりを笑うというものです。この話がこのような落語として成り立つのは、この『古今集』の業平の歌のほんとうの解釈がよく知られているということが条件になりますね。この話はある種のパロディで、隠居の話がめちゃくちゃだということがおもしろいのですから。つまり、ここからも（もちろん、『百人一首』を介してですが）『古今集』の影響力の大きさがわかります。まあ、日本の古典中の古典といってもよいでしょう。

さて、今までの歌は知らないという人がいるかもしれませんが、次の歌は、日本人なら誰でも知っているものだと思います。

題しらず　　　　読人《よみひと》しらず

（5）わが君は千代《ちよ》に八千代《やちよ》に細《さざ》れ石《いし》の巌《いわほ》と成《な》りて苔《こけ》のむすまで　　（巻第七　賀歌　343）

［我が君の御寿命は千代、八千代まで（続いていていただきたい）。小さい石が大きな岩になって、それに苔が生えるまで。］

この歌を全く知らないという人はおそらくいないでしょう。最近、オリンピックもありましたし。ただ、よく知っているものとはちょっと違うと思われるかもしれません。よく知っているものは初句が「君が代は」となっているものだと思いますし、そのタイトルも「君が代」です。が、この国歌「君が代」は（そのことに気づいていない人もいるかもしれませんが）五七五七七になっていまして、おおもとは『古今集』のこの歌なのです。「君が代は」の部分は、この（5）の歌が後に少し改変されたものと考えられています（新編全集注）。なお、「わが君は」の「君」は必ずしも帝というわけではなく、この歌を贈る相手と理解することもできるもののようです。

ここまでみてきた和歌は、みな『古今集』という平安時代の和歌集におさめられた歌ですから、現代においても、いかにこの『古今集』の影響があるかということがわかります。以下、この古典中の古典『古今集』を、さらにさまざまな側面から味わってみようと思います。もちろん、『古今集』も正岡子規がマイナスの評価をしたように、時代による価値の移り変わりということはあるわけですが、日本古典中の古典ということはできると思いますし、また、和歌というものが、日本語による韻文として日本の伝統文化をなすものだということはできるでしょう。『古今集』をあじわうことで、日本の伝統文化の姿の一端が見えてくることになると思います。

二 『古今和歌集』とは

さて、ここまで少し見てきた『古今集』とはどのようなものでしょうか。それを確認しておきます。『古今集』とは、日本最初の勅撰和歌集《ちょくせんわかしゅう》です。平安時代の九〇五（延喜五）年、醍醐《だいご》天皇の命により編纂されました。「勅撰」というのは天皇の命令で編纂されたものということで、それまでの勅撰集には漢詩の勅撰集がありました。『凌雲集《りょううんしゅう》』『文華秀麗集《ぶんかしゅうれいしゅう》』などがその例で、前者は八一四年、後者は八一八年、いずれも嵯峨《さが》天皇の命によるものです。漢詩は先に少し見たように中国語（漢文）の韻文で、平安初期までは、漢詩のほうが権威があったのですが、醍醐天皇の頃は和歌の地位も上がって、勅撰和歌集が編纂されることになったのです。それが『古今集』でした。いまから、およそ千百年ほどまえのことになります（この原稿を書いている二〇一六年から数えると一一一一年前です）。この勅撰和歌集は、この『古今集』の後、『後撰《ごせん》集』『拾遺《しゅうい》集』『後拾遺《ごしゅうい》集』…『新古今《しんこきん》集』（一二〇五年）…『新続古今《しんしょくこきん》集』（一四三八）と、室町時代まで二〇集が編纂され、合わせて二一集となります。醍醐天皇の命を受け、歌集に収めるべき和歌を選んだ『古今集』の撰者は、紀友則・紀貫之《きのつらゆき》・凡河内躬恒《おおしこうちのみつね》・壬生忠岑《みぶのただみね》の当代を代表する四歌人です。このうち、紀友則は『古今集』の完成を見ず没しました。構成は、全体が二十巻からなり、現在普通に見られる本文では、収められている歌数は全部で一一一一首、冒頭にひらがな書きの「仮名序《かなじょ》」（冒頭が（6））、末尾に漢文の「真名序《まなじょ》」が付きます。

（6）やまとうたは、人の心を種《たね》として、万《よろづ》の言《こと》の葉《は》とぞなれりける。世の中にある人、ことわざ繁《しげ》きものなれば、心に思ふことを、見るもの聞くものにつけて、言ひ出《いだ》せるなり。

（仮名序、冒頭部分）

［やまとうたは、人の心を種として、無数のことば／葉っぱとなったものなのです。この世に存在する人々はいろいろなことや行うことがさまざま多くあるので、そこで心に思うことを、見るもの、聞くものにつけて、言い出したものが歌なのです。（種《たね》が生えて葉《は》になる、ということが掛けられている）］

また、さきにいくつかの歌を見たところでもわかったかとも思いますが、それぞれの歌には、歌の詠まれた状況を編者が説明した詞書があり、それに続き作者が示され、次の行に歌が示されるという形で、配列されていきます。あまり多くはありませんが、場合によっては歌の次（左側）に「左注《さちゅう》」と呼ばれる説明がつくこともあります。

そして、全二十巻の構成は次のようになっています。これを見ると、はじめのほうに、まずは春夏秋冬の歌が配され、その後、離別《りべつ》・羈旅《きりょ》といった別れ・旅の歌が続き、その後、恋の歌（そして、雑）が置かれています。この春・夏・秋・冬・離別・恋というように分けているものを部立《ぶたて》といいますが、この部立からみると、『古今集』の柱となっているのは四季と恋だということがわかります。さきにとりあげた歌も「君が代」の歌以外は四季の歌か恋の歌でした。和歌といえば四季の歌、恋の歌というイメージがあるかもしれませんが、『古今集』の構成を見ると、たしかにそのように思えます。さらに、春夏秋冬や恋という部立の中の配列も工夫されていまして、季節なら季節、恋なら恋の経過順に和歌が配列されています。たとえば、春でいえば、年が明けて春になる↓まだ寒く雪が降る↓花が咲く↓山から鶯が下りてきて鳴く↓花が散る↓春が終わる、といった内容をもつ歌がこのような順序で配されています。そして、次の夏に続きます。その夏も時間順で、さらに秋・冬と続きます。恋も同様です。まだ逢ってもいない人が恋しいというところからはじまって、恋しい人に逢う、逢えずにさみしい、男が女のもとに通う、飽きが来る、別れてさみしいというような流れで、これが巻第十一の恋歌一から巻第十五の恋歌五までに配されるわけです。実によく考えられた順序で和歌が配置されているといってもよいでしょう。

仮名序		巻第十一	恋歌一
巻第一	春歌上	巻第十二	恋歌二
巻第二	春歌下	巻第十三	恋歌三
巻第三	夏歌	巻第十四	恋歌四
巻第四	秋歌上	巻第十五	恋歌五
巻第五	秋歌下	巻第十六	哀傷歌
巻第六	冬歌	巻第十七	雑歌上
巻第七	賀歌	巻第十八	雑歌下
巻第八	離別歌	巻第十九	雑体
巻第九	羇旅歌	巻第二十	大歌所御歌・他
巻第十	物名	墨滅歌	真名序

三　古い本のすがたをあじわう

そうなりますと、『古今集』をあじわう、その中心は四季の歌、恋の歌ということになるかと思いますが、それはもう少し後にとっておきまして、まずは『古今集』の別の側面をあじわってみたいと思います。それは、古い本の姿という点です。古い時代の本のすがたをあじわってみることにしたいと思います。

古い時代の本の中には、現在と同じ「本」といっても、現在の本のすがたとは似ても似つかない形のものがあります。その代表的なものが巻子本《かんすぼん》と呼ばれるものです。次の【図3・4】(口絵①・②)がその巻子本です(ただし、古今集の時代の現物ではなく、近代になってからの複製本です)。これは「巻物」ではないかと思われるかもしれません。実は、その通り「巻物」です。巻物といえば、たとえばお経とか、絵巻とか、あるいは古い家系図などを思い起こされるかもしれませんが、それらも「本」のうちなのです。あまりお経が「本」であるという意識はないかもしれ

【図3】　巻子本(伝俊頼筆本『古今和歌集』複製)

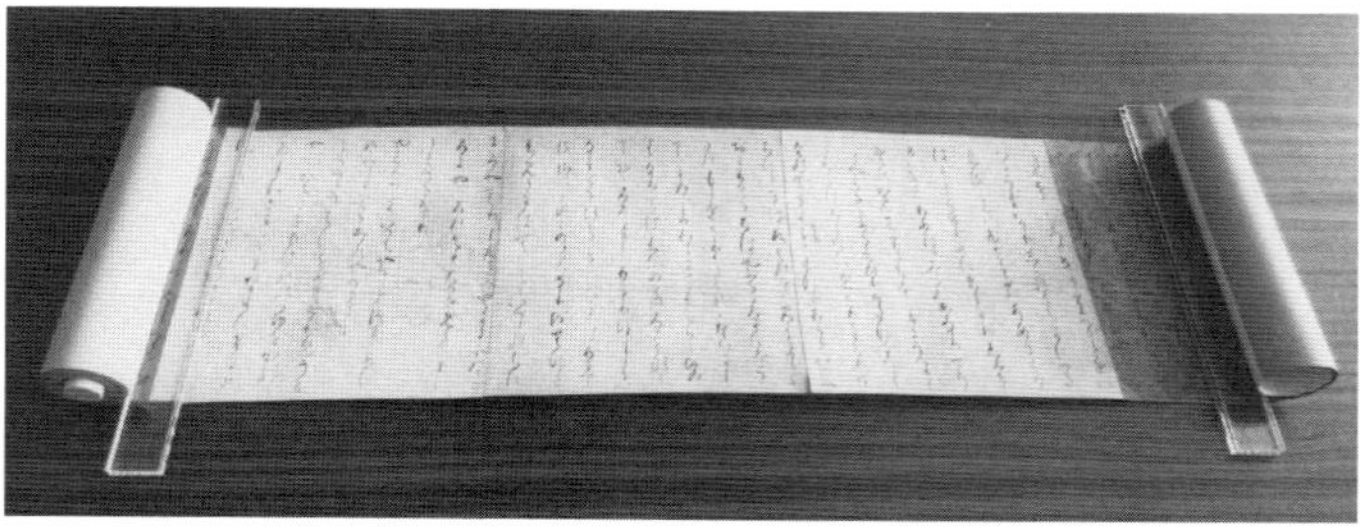

【図 4】 巻子本を開いたところ

ませんが。そして、『古今集』にも巻物の形をして伝えられているものがあり、『古今集』の古い形はこのようなものであった可能性もあるのです。これは、平安時代後期（一二世紀初）に源《みなもとの》俊頼《としより》が筆写したとされる『古今集』の古写本（の複製本）です。平安時代の名筆としてもとりあげられることもあるもので、その書の姿や文字が書かれている紙（料《りょう》紙《し》）もたいへん綺麗で、それらも鑑賞の対象になるものです。

このような巻子本は、本の古い姿であると考えられます。現在でも同じ本が複数のモノに分けられるとき、それを数えるには「一巻、二巻…」としますが、そこで「巻」という数えるための語が使われるのは、この巻子本を考えればよくわかることだと思います。ただし、この巻子本という形の本は、あまり便利な形ではありません。広げてある箇所の右端から左の巻いてあるところまで読んだところで、次に右の方を巻きながら、左の方を広げていくことになりますが、これは、右端から順序よく読んでいくしかない本の形態です。現在の本のようにパラパラとめくって、おおよそどのようなことが書いてありそうか見てみるというのは、ちょっと難しいわけです。かつて読んだ内容をもう一度見て確かめたいという場合でも、同様に少しずつ左側を広げながら右側を巻いて、目的の箇所にたどり着くことになるわけですが、少しずつしか進みませんから、一気に目的の場所を開いて読むということは難しいのです。ですので、後に述べるような別の本の形態が生み出されていくのです。

ところで、『古今集』は平安時代編纂の作品ですが、その原本は残っていません。古典の文学作品の原本は残っていないのが普通で、たとえば有名な紫式部《むらさきしきぶ》『源氏物語《げんじものがたり》』や清少納言《せいしょうなごん》『枕草子《まくらのそうし》』なども原本は残っていません。『古今集』も同様です。また、平安時代に書写されたものも多くはありません。現在のように印刷が活発ではない時代（平安時代はそうですね）は、その本を読みたい、手に入れたいとなれば、書き写すしか方法はありませんので、古典作品にはいくつもの書き写された本があるのが普通です。これを写本《しゃほん》といいますが、平安時代の古典作品の場合、その写本であっても平安時代書写のものは多く残ってはいません。この点で、『古今集』は他の古典作品と一緒ですが、とくに和歌集は、さきの巻子本の図からもわかるように、書としての鑑賞の対象、つまり、それが美的対象にもなるものでもあるので、古い写本は部分的に切り取られて（つまり、切り売りのようなことになるわけです）鑑賞されることにもおこなわれます。そういうものを「古筆《こひつ》切《ぎれ》」というのですが、そういうこともあって、『古今集』の古い写本、とくに平安時代のものは、全巻そろっているものはたいへん稀なのです。その中で、元永本《げんえいぼん》『古今和歌集』は、平安時代末期

（一二世紀）書写で全二十巻が残っているものです。きわめて貴重な写本で国宝に指定されており、現在、東京国立博物館が所蔵しています。こういった古典作品の古い本の本物は博物館などに所蔵されていまして、なかなか見ることができませんが、近年はインターネットの普及、デジタル画像の精細化が進み、かなり綺麗な形で手軽にみられるものが増えました。古典作品へ近づく手段が増えた、手軽になったともいえます。実際、元永本『古今集』は、インターネット「e國寶―国立博物館所蔵 国宝・重要文化財」で閲覧が可能となっています。図に掲げたものは、表紙【図5】（口絵③）と巻第一・春歌上の最初の部分【図6・7】（口絵④・⑤）、つまり、仮名序の後の本文の最初の部分です。料紙に金箔がのせてあるなど、たいへん壮麗で美しいつくりの写本だということがわかります。これを鑑賞することも、『古今集』をあじわうことの一端だといってよいでしょう。

【図5】 元永本『古今和歌集』（東京国立博物館蔵・国宝）、上・表紙
Image: TNM Image Archives

　次に示す『古今集』の古い写本は、「伊《だ》達《て》本《ぼん》」とよばれるものです【図8・9】（写真は複製本）。これは、さきにあげた鎌倉時代に活躍した歌人・古典研究家の藤原定

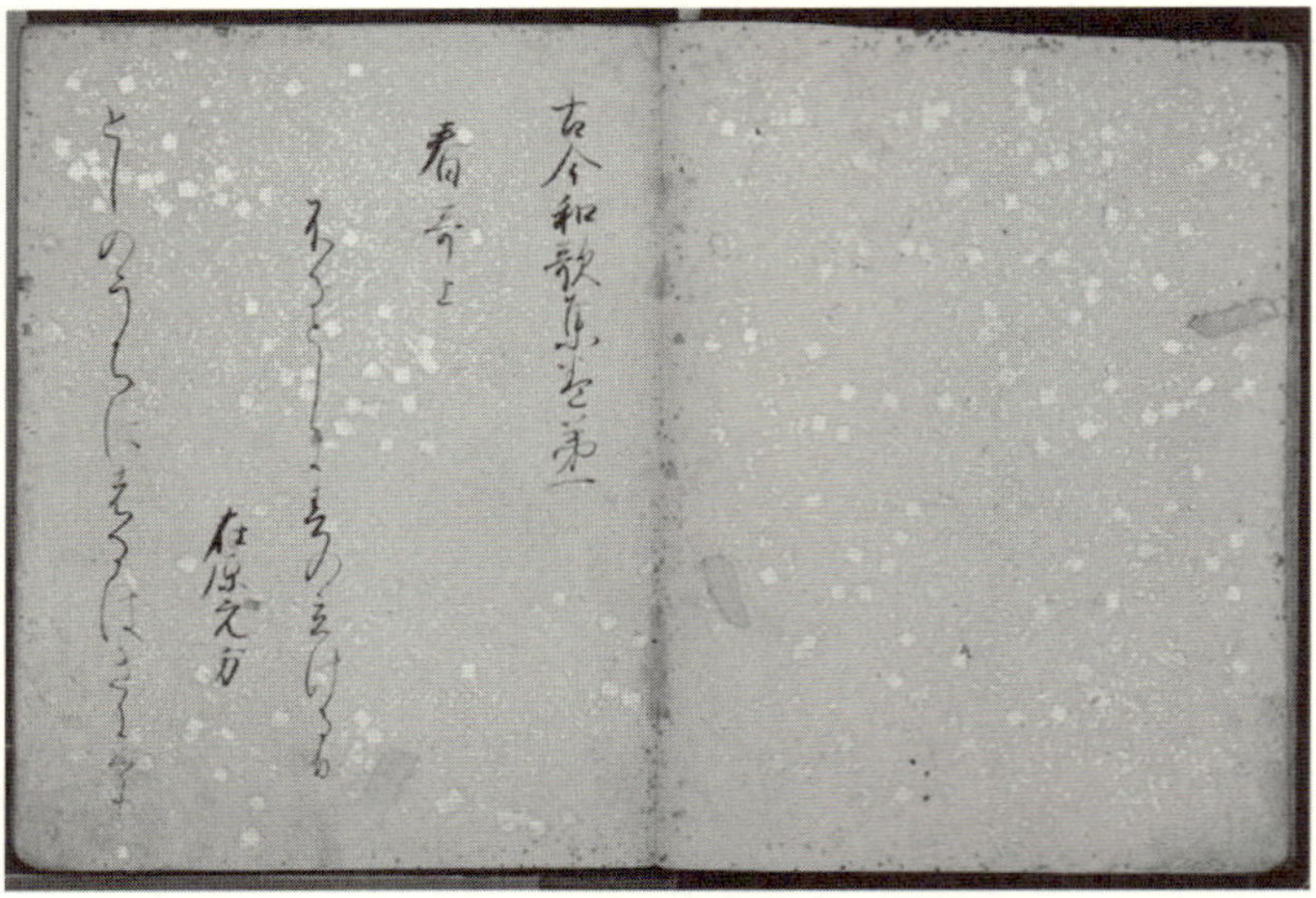

古今和歌集巻第一

春哥上

ふるとしに春の立ける日

在原元方

としのうちにはるはきにけり

【図 6】 元永本『古今和歌集』(東京国立博物館蔵・国宝)、
巻一冒頭部分（巻一春上 1）
Image: TNM Image Archives

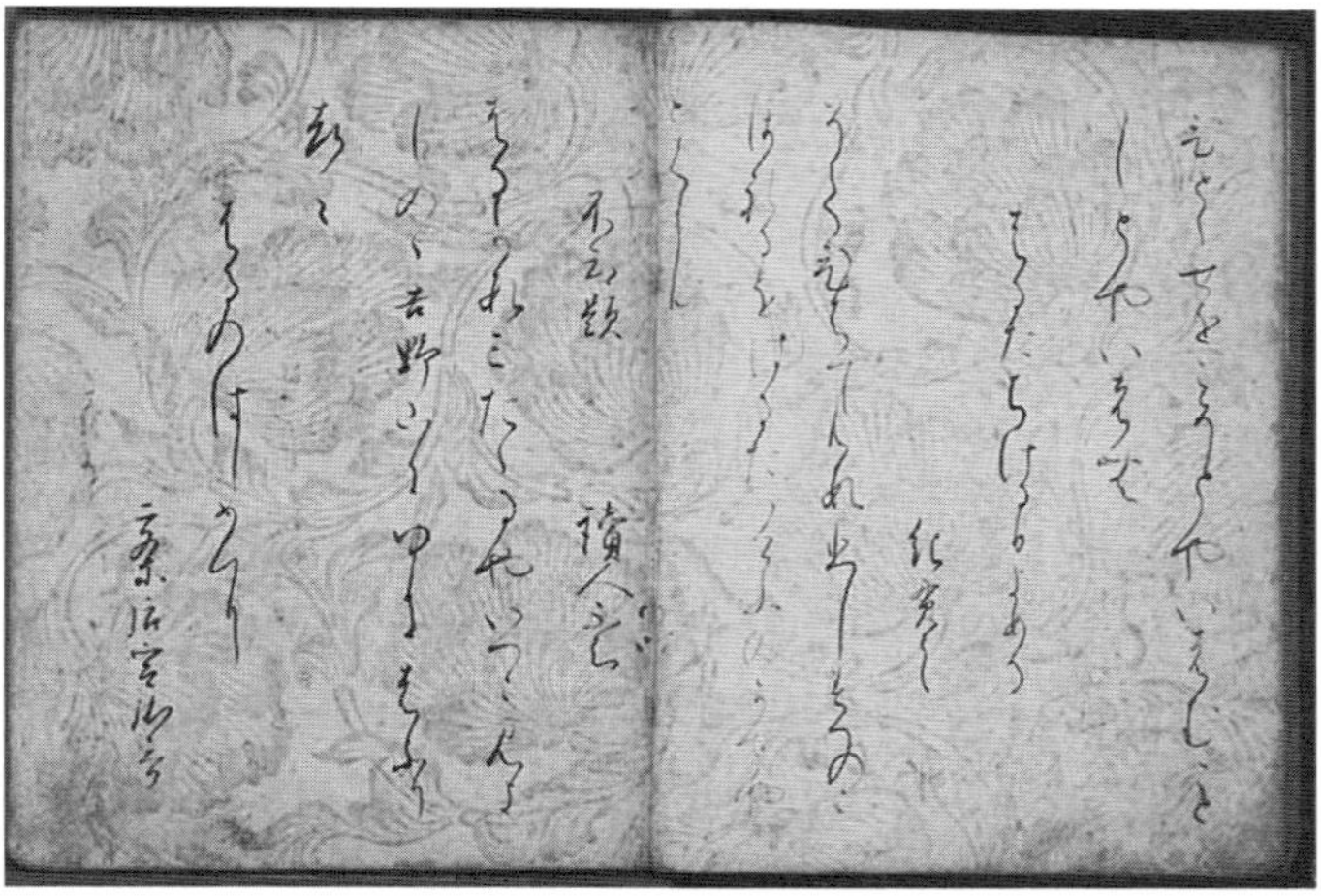

ひととせを　こそとやいはむ　こと
しとや　いはむ
はるたちけるひ　よめる
紀貫之
そてひちて　むすひしみつの　こ
ほれるを　はるたつけふの　かせや
とくらん
不知題　　読人不知
はるかすみ　たてるやいつこ　みよ
しのゝ　吉野山に　ゆきはふり
つゝ
はるのはしめに
二条后宮御哥

【図 7】　元永本『古今和歌集』（東京国立博物館蔵・国宝）、
巻一冒頭部分（巻一春上 2）
Image: TNM Image Archives

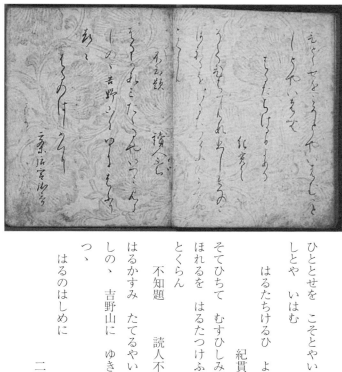

家の書写による写本で、かつて伊達家が所蔵していたので「伊達本」と呼ばれています。書写者の藤原定家は『小倉百人一首』の他、『新古今集』などの編者で、古典作品の書写（『源氏物語』『土佐日記《とさにっき》』『伊勢物語《いせものがたり》』など）をおこなった鎌倉時代初めにおける和歌・古典の権威というべき人です。とくに『古今集』は知られるかぎりで十七回も書写しています（定家の残した日記『明月《めいげつ》

【図 8】　伊達本『古今和歌集』（複製本、外観）

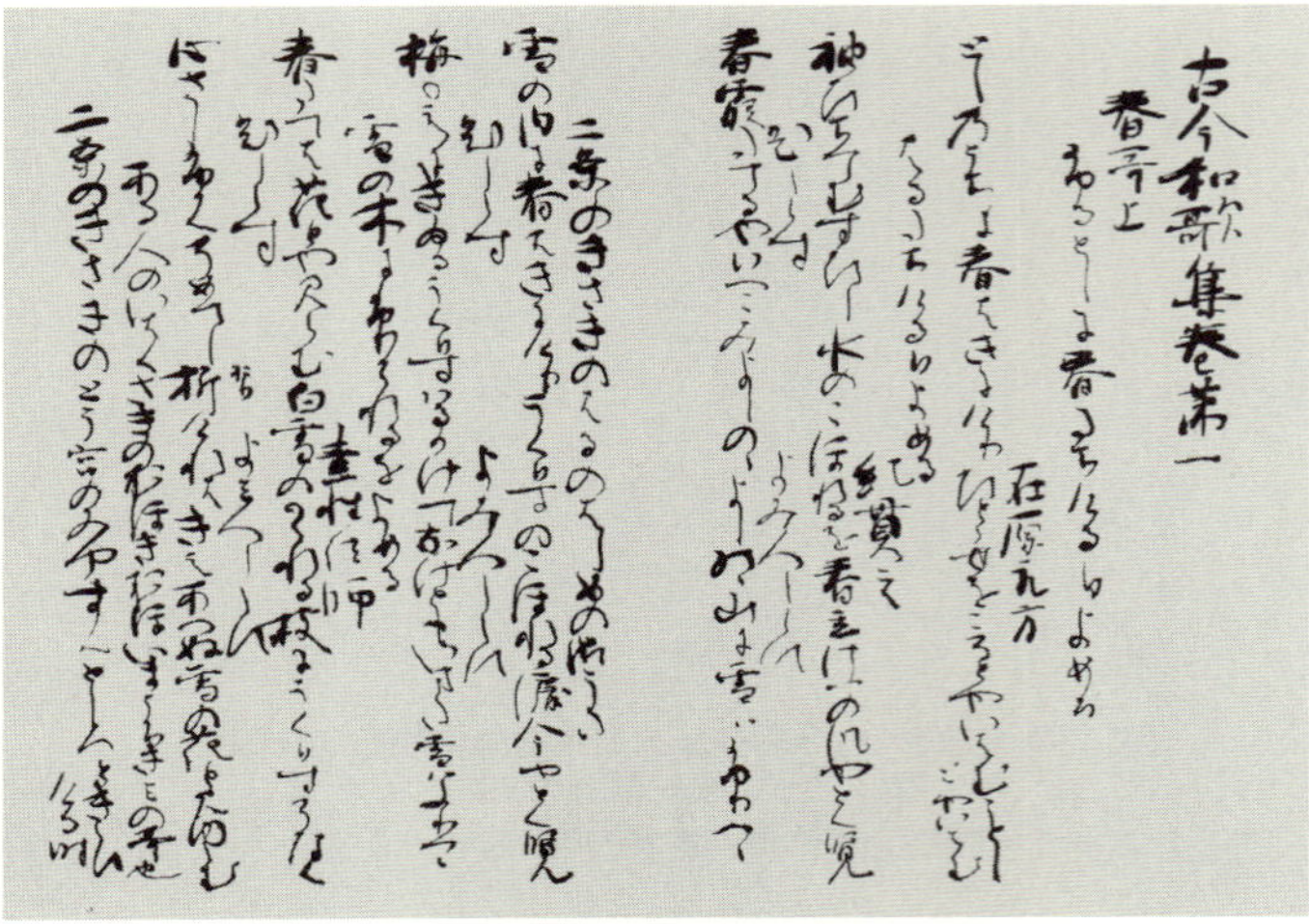

古今和歌集巻第一
春哥上

【図 9】　伊達本『古今和歌集』（複製本、本文）

記《き》』からそのことはわかります)。また、【図9】(また後掲の図15)を見るとわかるように、定家の書写した文字は、その筆遣いから墨の太く濃いところと細いところのコントラストが大きく、きわめて特徴的な筆跡で、これはすぐに定家のものとわかるものです(ただし、これに似せたものもあるので簡単にはいかないところもあるのですが)。この本は、巻子本ではなく綴葉装《てっちょうそう》あるいは列帖装《れつじょうそう》とよばれる装丁《そうてい》です(元永本も同じ)。この装丁は数枚の紙を二つに折って、それを何枚か重ねたものを、さらに束ねて糸でかがったものです【図10】。この伊達本『古今集』も複製本が出

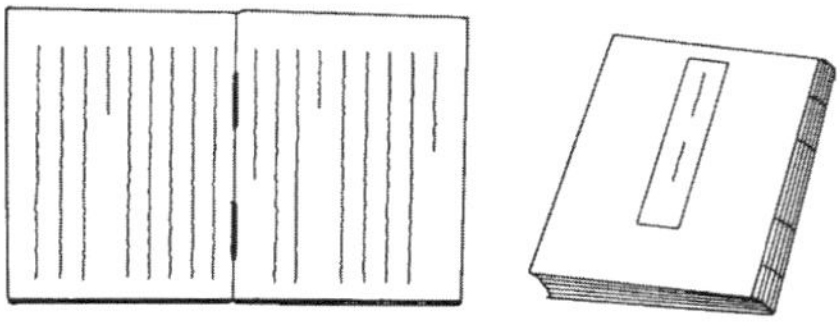

【図10】 綴葉装(列帖装)概念図
(『日本古典籍書誌学辞典』岩波書店による)

【図11】 綴葉装としての伊達本『古今和歌集』

ていまして、その写真【図11】をみると、綴じ方がわかると思います。これは、現在の本で言えば「背」にあたるところと下面にあたるところが両方入るように撮った写真ですが、何枚か重ねられた紙が半分に折ってあって、それが8束分、まとめられたものになっていることがわかります。このような綴じ方の冊子に『古今集』の和歌が書写されているわけです。さきに見た巻子本に比べると、開きたいところがぱっと

開けるようになっていて、現在の本の姿にかなり近い形といえるでしょう。

そして、次は袋綴《ふくろとじ》と呼ばれる装丁です。ここにあげたものは、江戸時代の歌人香川景樹《かがわかげき》（一七六八〜一八四三）による『古《こ》今《こん》和《わ》歌《か》集正義《しゅうせいぎ》』（天保三（一八三二）年成立、同六年から刊行）という『古今集』の注釈書です【図12・13】。図13は『古今集』最初の

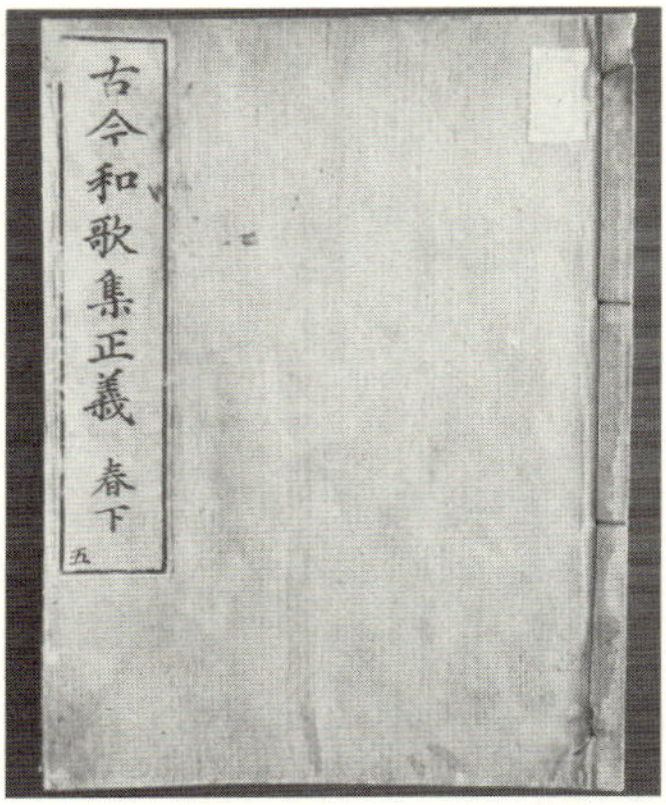

【図 12】　香川景樹『古今和歌集正義』（東北大学附属図書館蔵、天保年間刊）春下表紙

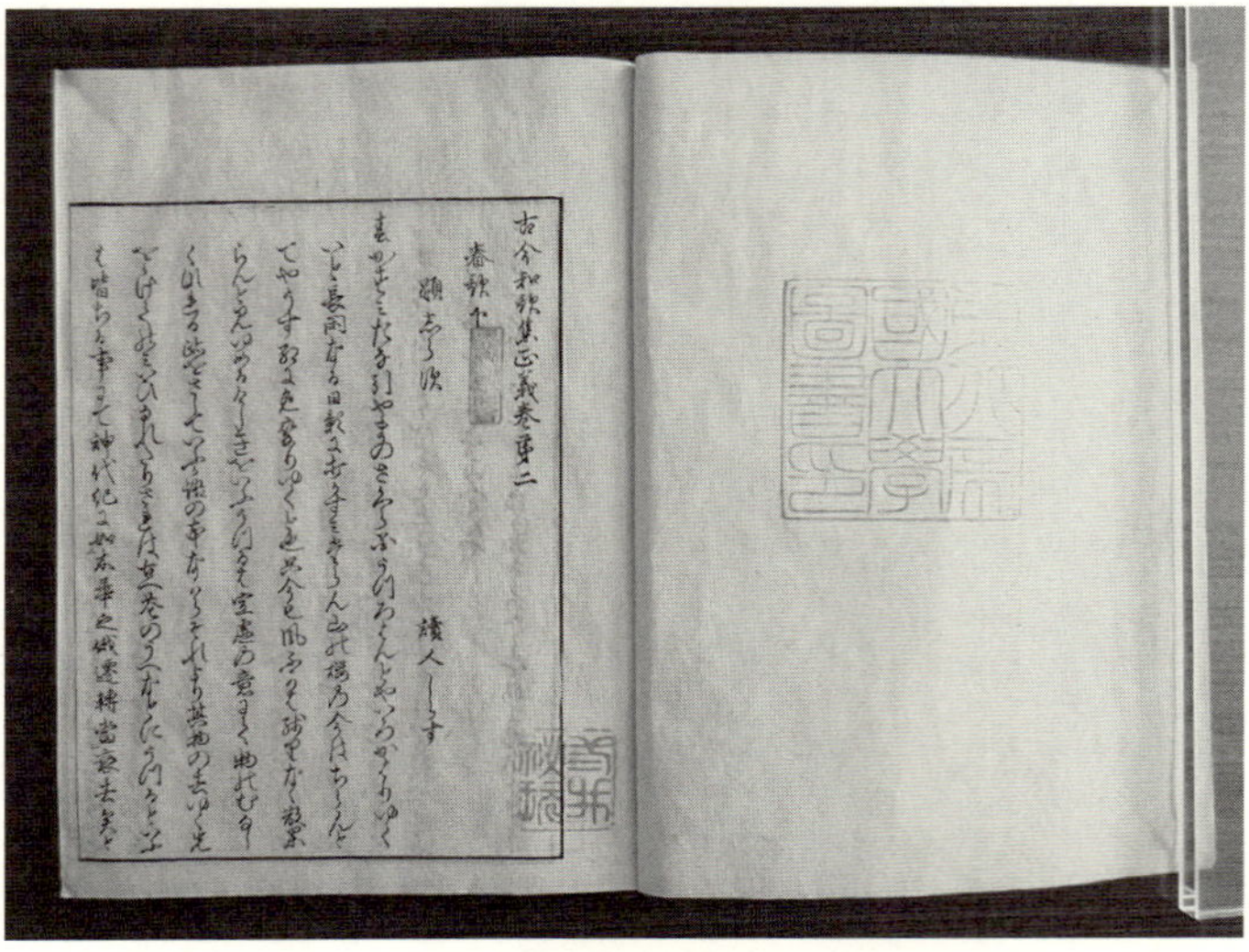

【図 13】　香川景樹『古今和歌集正義』本文

歌の部分ですが、左ページの詞書・作者・歌の後、左半分の一文字分下がったところにこの歌の説明が書かれています。『古今集』の注釈は数多く出され、そういうところからも古典としておおいに享受されたということがわかりますが、この本は、先に見たものとは大きく異なり、実は印刷本なのです。もちろん、現代の印刷とは異なるもので、簡単にいえば、版画の要領でつくられたものです。つまり、印刷したい文章を薄い紙に書き、それを裏返しに木の板に貼って、文字の部分を残して彫る（これ、版画の板ですね。版木《はんぎ》といいます）。そして、それに墨をつけて紙をのせて、「ばれん」で紙の上をこすれば、文章が印刷されます。この印刷された紙を、印刷面を外側にして半分に折ります。他のページも同様にして作り、折り合わせた側を糸で綴じます。これが袋綴です（もちろん、袋状に綴じられた内側には普通は何も書いてありません）。このことは【図14】を見るとよくわかると思います。このような印刷本は江戸時代にさかんにおこなわれます。これを版本《はんぼん》といいます（厳密には印刷本を版本といい、右に述べたような一枚板に二ページ分を彫って印刷するものを整板版《せいはんばん》といいます。「板本」と書くこともあります。江戸時代の印刷本には、江戸時代の初め頃に木活字によるものがあって、これを古活字版《こかつじばん》といいます）。このような形

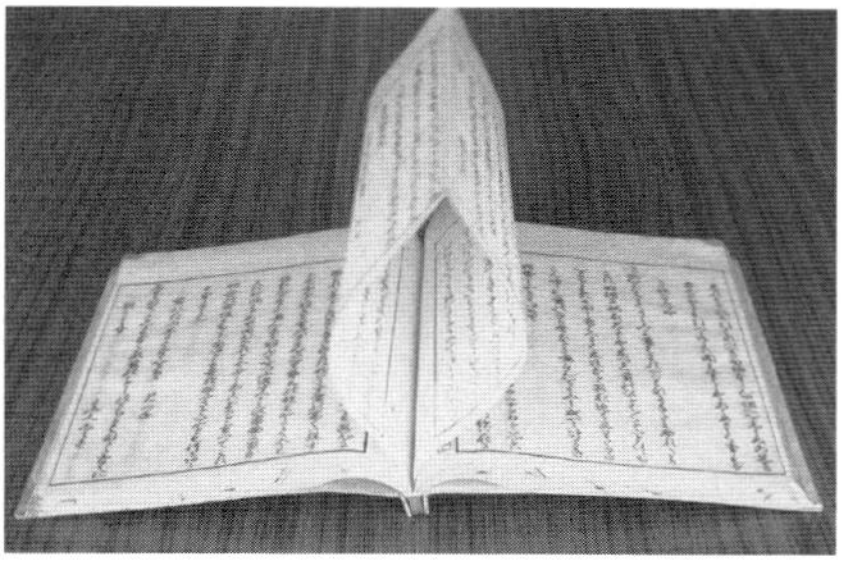

【図 14】 袋綴

で本をつくることになりますと、かなりの部数をつくることができますから、これを売ることで商売が成り立つようになるわけです。また、版木がその商売をする人の財産にもなります。いわば出版業が成立するということです。そして、出版業が成立すると古典作品も多くの人に享受されることになるわけで、江戸時代という時代は広く古典が享受される時代になったのです。

なお、これらに書いてある文字は、崩されたぐねぐねした文字で読みにくいと思いますが、基本的にひらがなで、その中に漢字が混じった書き方になっています（おおざっぱにいえば、画数の多い文字が漢字です）。これが古い時代の和歌や『源氏物語』などの文章の書き方です。また、文字が崩されているだけでなく、連綿《れんめん》と呼ばれる続け書きもされています。ひらがなも、現在でいえば「カ」を表すひらがなは「か」しかありませんが、「ゕ」のようなものもあります。ひらがなは漢字を崩してできあがった文字ですが、そのもとになった漢字が、たとえば「カ」でいえば「加」や「可」などがあって、それらを崩して使ったために「か」や「ゕ」が混在するのです。これらを変体仮名《へんたいがな》とか異体仮名《いたいがな》といいます。この変体仮名・異体仮名が統一されて現在のようになるのは、一九〇〇（明治三三）年に出された小学校令施行規則によってです。もちろん、すぐ一斉に現在のようになるわけではありませんで、たとえば、夏目漱石（一八六七〜一九一六）も、その自筆原稿を見ると一部変体仮名を使っていることがわかります。

このように、古い時代の本は、本の作り方自体も現在とは異なりますし、文字の様相も異なっています。こういう点も、あじわう対象と考えてもよいように思います。もとより、元永本『古今集』のようなものについては、その書も鑑賞の対象になってきていますから、こういった点はいうまでもなくあじわう対象といってよいのではないかと思います。

四　表現のおもしろさをあじわう

このように、『古今集』の本としての姿をあじわってみましたが、『古今集』は、やはり、ことばによる表現ですから、その表現をあじわうのが王道かと思います。さて、その表現ですが、『古今集』には四季の歌や恋の歌が多く、叙景的あるいは叙情的な内容が多いといえますから、そこをあじわうということになりそうですが、さらに、もう少し回り道をしてみましょう。

次の歌はどのようなことを詠んだ歌でしょうか。

うぐひす　藤原敏行朝臣

（7）心から花のしづくにそほちつつ憂《う》くひずとのみ鳥の鳴くらむ　（巻第十 物名 422）

［自分の思いから花の雫にぬれているんだろうに、「つらい、乾かない」と鳥が鳴いているよ。］

「そほつ」（「そぼつ」）は、現代語でいえば〈濡れそぼつ〉ということ。「憂《う》く」は「憂し」で〈つらい〉、「ひず」は「干ず」で〈乾かない〉ということです。つまり、「鳥」は自分自身から好んで濡れそぼちながらも「つらい、乾かない」とこぼしているという意味の歌です。ただそれだけですと、この歌のどこがいいのかよくわかりません。詞書を見ると「うぐひす」とありますし、「花」（＝梅の花）といえば鶯であるので、ここに出てきている鳥はおそらく「うぐいす」だということはわかりますが、それがわかっても、歌のよさの理解はあまり進みません。『古今集』に選ばれている歌は当代の名歌ということを考えれば、他にもっとよい歌である理由がありそうです。では、それは何なのでしょうか。

　この歌を理解するにあたって重要なのは、「物名《もののな》」という部立てです。さきに掲げた『古今集』全二十巻の構成表のなかの巻第十に見られます。「物名」は「物の名」、すなわち、モノの名前ということです。つまり、詞書にある「うぐひす」というモノの名前が問題になっている歌なのです。この歌と「うぐひす」という名前はどう関係があるかというと、それは、この歌をよく見てほしいのです。大切なのはよく「読んで」とか、よく「解釈」して、ということではなく、「見て」ほしいのです。そして、そう思ってよくよくみると、第四句のはじめは「う」「く」「ひ」「す」となっていませんか。これを考えるときには、濁点を除いて考えてください。この時代の和歌を書くときには濁点は書きませんので、「憂く干ず」は、文字面でいえば「うくひす」（＝うぐひす）なのです。

これでわかったと思います。この歌は、詞書の「うくひす」が歌の中に隠れているのです。「物名」とは、モノの名前を折り込んで詠まれた歌なのです。

では、次の歌はどうでしょうか。

ほととぎす

（8）来《く》べきほど時《とき》すぎぬれや待ちわびて鳴くなる声の人をとよむる　（巻第十 物名 423）

［やって来る時が過ぎたからなのだろうか、待ちわびて、鳴いた声が人をどよめかせるよ。］

「とよむ（る）」は、現代語でいえば「どよむ」で、〈どっといわせる、どよめかす〉の意。詞書に「ほととぎす」とありますから、人々をどよめかせたのはホトトギス。季節の便りであるホトトギスが鳴くのを人々が待ちわびていたところへ、やってきて鳴いた。それを聞いて人々はどよめいたということが和歌に表現されていることですが、この歌も「物名」の歌なのですから、「ほととぎす」がどこに隠れているのかということが問題になります。では、「ほととぎず」はどこにあるでしょうか。やはり、濁点は考えません。すると、「来へきほとときすきぬれや」と初句と第二句にかけて「ほとときす」のあることがわかります。（7）（8）のように、詞書に掲げられたモノを詠みながら、そのモノの名前を折り込んでいくというのは、かなり高度なテクニックといってよいでしょう。実際、上手に「うぐひす」「ほととぎす」が詠み込まれていますから、当代を代表する名歌に挙げられるものと評することが可能ではないかと思われます。

この「物名」の歌、もう少し見ておくことにしましょう。

すもの花

（9）いま幾日《いくか》—春しなければ—うぐひすも—ものはながめて—思ふべらなり

（巻第十 物名 428）

［あと何日か。春が残っていないので、鶯も、ものをながめて物思いにふけっているようだ。］

これは「すもの花」。折り込むべきことばが長くなっていますから、より難しくなっているものと思われます。そういうこともあってでしょうか、歌の内容は「すもの花」ではないようです。では、「すものはな」は、どこにあるでしょうか。そうですね、「うくひすも—ものはなかめて」と第三句と第四句にまたがってあります（ここでは、句をまたがることがわかるように、句と句の間に—を入れてあります）。このように（さきの（8）もそうですが）、折り込むことばは、五七五七七の句をまたぐように作るのが良いとされていたようです。

さて、この巻十の「物名」には次のような歌もあります。これはどのような歌でしょうか。

朱雀院《すざくゐん》の女郎花合《をみなへしあはせ》の時に、「をみなへし」といふ五文字《いつもじ》を句のかしらにおきてよめる　つらゆき

（10）小倉山《をぐらやま》峰たちならし鳴く鹿の経《へ》にけむ秋を知る人ぞなき（巻第十 物名 439）

［小倉山の峰に立ち、慣れ親しんで鳴く鹿が、これまで経験してきた秋を知る人はいない。］

この詞書には、「朱雀院女郎花合《すざくいんおみなえしあわせ》」という歌合《うたあわせ》（歌を詠み合って優劣を競う会）で詠まれた歌であることが書かれていますが、さらに「「をみなへし」といふ五文字を句のかしらにおきてよめる」とされています。これがこの歌の特徴です。これは、「を」「み」「な」「へ」「し」という五文字を五七五七七というそれぞれの句の最初に据えて詠んだということです。つまり、「小倉山《をぐらやま》」のはじめが「を」、「峰《みね》たちならし」のはじめが「み」、同様に「鳴《な》く鹿の」が「な」、「経《へ》にけむ」が「へ」、「知《し》る人ぞなき」が「し」と、「をみなへし」になっています。これは「折句《おりく》」と呼ばれるものです。

このように巻十の「物名」の歌は、どういうことが詠まれているかということよりは、どのように詠まれているか、あるいは、何が表現されているかというよりは、どう表現されているかということがポイントとなっています。同様なものは、巻十九の「雑体」にも見られます。

題しらず　読人しらず

（11）梅の花見にこそ来《き》つれ鶯《うぐひす》のひとくひとくと厭《いと》ひしもをる（巻第十九 雑体歌 1011）

［梅の花を見に来たけれども、鶯が「人が来る、人が来る」といやがっているよ］

これは、梅の花を見に行ったら鶯が「人来《ひとく》、人来《ひとく》」といっていやがって鳴いているという歌であって、何の変哲もない歌のようにも思われますが、実は、かなりうまくできている歌なのです。問題となるのは平安時代の初め頃の発音で、現在のハヒフヘホの音は、［pa, pi, pu, pe, po］すなわち、「パピプペポ」だったと考えられているのです。このことを考えると、鶯の鳴いている「ひとく」というのは「ピトク」（［pi, to, ku］）であって、母音（ア・イ・ウ・エ・オ）をちょっと置いておくと、鶯は「p-t-k」、つまり「ピ（P）ーチ（T）ク（K）」と鳴いているわけです。現代でも鳥の鳴き声を「ピーチク」と言い表しますね。それと一緒です。つまり、鶯が「ピーチク」と鳴いているのを「人来」と聞きなしているのですね（亀井孝「春鶯囀」）。そう考えるとよくできた歌といえるでしょう。

さらにもう一首。

（12）山吹《やまぶき》の花色衣《はないろころも》ぬしや誰《たれ》問《と》へどこたへずくちなしにして（巻第十九 雑体歌 1012）

素性法師《そせいほふし》

［山吹の花の色の衣、持ち主は誰？ 問うけれども答えない、「くちなし」ということで。］

この歌はどういうことを言っているのでしょうか。山吹色（明るい黄色）の衣に何か問うたところで、当然答えるはずはありません。それは色が山吹色であろうと紫紺であろうと結局は衣なのですから、同じことです。ここに述べられていることを表面的に解釈してみてもあまりよくわかりません。そういうことではなく、衣を山吹色に染めるにはクチナシの実で染めるのです。そこでクチナシが出てくるわけで、これは、ある種の洒落なのです。だから、ここでの衣の色は「山吹色」でなければならないわけです。

このように、和歌の世界は広く、四季の情景や恋の心を詠むだけではありません。何を詠むかということよりも、どのように詠むかということが問題になるような歌もあるわけです。もちろん、和歌は叙景的あるいは叙情的な内容が多いともいえますし、別離の歌などでつらい心を詠むということもあるのですが、それ以外の世界も広がっているのです。和歌世界の秀歌を選びに選んだ『古今集』には、そのような「どのように詠むか」ということが問題になる、つまり、表現そのもの、表現のおもしろさをあじわうべき歌も、多く収められているのです。

とはいうものの、『古今集』をあじわうのに、恋の歌を欠かすことはできないでしょう。そこで、次は恋の歌をあじわってみましょう。

五　表現のこころをあじわう（二）

（13）

題知らず　　小野小町

a　思ひつつ寝《ぬ》ればや人の見えつらむ夢と知りせば覚《さ》めざらましを　（巻第十二恋歌二552）

b　うたた寝《ね》に恋しき人を見てしより夢てふものは頼みそめてき　（巻第十二恋歌二553）

c　いとせめて恋《こひ》しき時はうばたまの夜《よる》の衣《ころも》を返してぞ着る　（巻第十二恋歌二554）

このうち（13a）は「あの人のことを思って寝たので、あの人が夢に見えたのだろうか。もし、それが夢だと知っていたら目を覚まさなかっただろうに」、（13b）は「うたた寝の夢に恋しい人を見てからというもの、夢というものをば、頼りにしはじめるようになったなあ」ということです。恋の比較的早いうちの歌で、いずれも夢の中で恋しいあの人を見ることができたという歌です。これらは、このような理解であまり問題はありません。

問題なのは（13ｃ）の歌です。この歌は普通、次のように解釈されます。

（13）ｃ－2　胸がしめつけられるように、あの人のことが恋しくて切ない時は、私は夜の衣を裏返しに着て寝るのです。せめて夢のなかでお逢いしたいと願って。――「裏返しにして着る。こうすれば恋人に夢の中で逢えるという俗信があった。」

（小沢正夫・松田成穂、新編日本古典文学全集）

（13）ｃ－3　○衣を返して「夜着たる衣を返して着れば…恋しき人の必ず夢に見ゆると言へり」（顕注）。「かへす」は、状態を逆にする。元に戻すの意で、そのような願望で行われる古代の俗信による表現。

（小島憲之他、新日本古典文学大系）

このような理解は、古くから『古今集』につけられてきた注釈にしたがっているものと考えられます。たとえば、（13ｃ－3）の注釈に「顕注」とあるのは、『顕注密勘《けんちゅうみっかん》』という鎌倉時代前期に藤原定家によって著された『古今集』の注釈書ですし、また、顕昭《けんしょう》（一一三〇頃～一二一〇頃）『古今集註』でもほぼ同様に、次のように述べられます。

（14）恋する人はよる着たる衣をかへしてきれば、その人の夢にかならず見ゆる也。或説云、恋する人夜衣をかへしてきれば、恋の心なり。（顕昭『古今集註』）

〔恋する人は夜着ている衣を裏返しにして着ると、その人が夢に必ず見えるのである。ある説には、恋する人は、夜衣を裏返して着ていると、それは恋の心である、という〕

これにしたがえば、普通の解釈でよいように思われます。しかし、よく考えてみると、それでは問題があるように思われます。そのような見方をするのが、日本語史研究者の小松英雄です。

（15）右の通説には素朴な疑問がある。それは、夜着て寝る衣を裏返しに着ると、恋しい人が必ず夢に見えるということなら、「いとせめて恋しきとき」に限らず、恋人と共寝のできない条件にあるときには、いつでも裏返しに着ればよいはずではないかということである。この和歌がそういう知識を述べたものだとしたら、風邪のなおしかたとか、しゃっくりを止めるコツなどを、覚えやすいように韻文にしたものにすぎないから、「ひとの心」を種とした和歌ではありえない。〔中略〕恋人が夢に現れるそうだから「夜の衣」を裏返しに着る、というのは安易に過ぎる。生活の知恵だとしたら、韻文のインパクトは片鱗も感じられない。

（小松英雄『やまとうた―古今和歌集の言語ゲーム―』講談社一九九四）

たしかに、小松の言うとおりです。では、この歌はどのように理解したらよいのでしょうか。それが「表現のこころをあじわう」ということになるのではないかと思います。

そのために考えてみなければならないのは、歌の表現にある「衣を返す」という言い方です。この「衣を返す」という言い方に類する言い方は、奈良時代編纂の歌集の『万葉集《まんようしゅう》』に「袖を返す」という言い方で現れます。『万葉集』とは、奈良時代編纂の私撰集《しせんしゅう》で、成立は天平宝字三（七五九）年以降、全二〇巻で四五一六首所収、大伴家持《おおとものやかもち》が編纂に関わるものであって、『古今集』に先行する家集です。そこに見られる「袖を返す」とは次のようなものです。

（16）　a　白たへの袖折り返し恋ふればか妹《いも》が姿の夢《いめ》にし見ゆる　（万葉集・巻第十二　2937）
［袖を折り返して恋うたせいか、あなたの姿が夢に見えます。］

b　わが背子《せこ》が袖返す夜《よ》の夢《いめ》ならしまことも君に逢ひたるごとし（万葉集 巻十一　2813）
［あなたが袖を折り返して寝た夜の夢なのでしょう。ほんとうにあなたに逢っていたようでした。］

これらの例は「袖を返す」ことによって、夢の中で愛するあの人に逢えるということになるものですから、さきの『古今集』の（13c）の歌とよく似ているということはできます。ですから、『万葉集』の時代には、袖を返して寝ることで恋しい人に夢の中で逢えるという考え方があったことは間違いないでしょう。しかし、そこに見られる表現はあくまでも「袖」を返すのであって、「衣」ではありません。先行する『万葉集』には「衣を返す」という表現はないのです。「衣」を裏返しにして着るとあの人に逢えるという考え方があったとはいいにくいでしょう。では、「衣を返す」という言い方はないのかということで調べてみますと、これは平安時代になるとみられるようになります。それが次のような例です。

（17）　a　白露のおきてあひ見ぬ事よりは衣《きぬ》返しつつ寝《ね》なんとぞ思ふ
（後撰和歌集・巻十二恋四 826）
［起きていてあなたに逢えないのよりは、衣を裏返して寝ようと思います。］

b　なぐさむる心《こころ》はなくて夜《よ》もすがらかへすころもの裏《うら》ぞぬれつる
（後拾遺和歌集・巻十四恋四 783）
［慰まる心はなくて夜通し。裏返した衣の裏が涙で濡れてしまったよ。］

しかし、この（17a）の『後撰集』も（17b）の『後拾遺集』も、いずれも『古今集』よりも後の歌集で、これらの歌は小野小町よりあとに詠まれたものです。そして、いろいろと探してみても、実は小町よりも前には「衣を返す」という言い方は出てこないのです。

そうなると、この「衣を返す」は、どのように考えたらよいのでしょうか。考えられることは、この言い方は小野小町が新しく創り出した表現なのではないかということです。では、この表現は小町の創り出したものだとして、どのような意味をもつ表現だと考えたらよいでしょうか。

恋しい人に夢の中で逢いたい。絶対に逢いたい。袖を返して寝ると逢えるというが、ほんとうに効き目があるのだろうか、もっと効き目がある方法はないか、袖を裏返すといった程度ではなく、着物全部を裏返して着れば効果は絶大なのではないか、そうしてやろう、ということを表現したものなのではないでしょうか。日本語史研究者の山口佳紀はそう考えます。

（18）　あまりに恋心が募って仕方ない時は、せめて夢の中で逢いたいので、普通は袖を裏返しにするところであるが、もっと効き目があるように、私は夜着ごと裏返しにすることだ。

（山口佳紀「「夜の衣を返してぞ着る」の意味―『古今集』五五四番歌考―」

（山口佳紀『古代日本語史論究』風間書房二〇一一所収））

つまり、袖を返すくらいではたいした効き目はない。着物全部を裏返せば効果は大きいだろうということです。そして、そうであれば「いとせめて恋しき時」（＝胸がしめつけられるように、あの人のことが恋しくて切ない時）に、そう考えたということになってつじつまがぴったり合うのです。切ない恋心を、それを表すにふさわしい新しい表現で言い表したということになれば、コツを表したものでは到底なく、韻文の表現らしいインパクトのある秀歌ということになるのではないでしょうか。

『古今集』という歌集は古典の中の古典ですので、すでに平安時代から注釈書が著されてきている作品で、たいへん長い解釈の伝統があるのですが、必ずしも十分な解釈がおこなわれているわけではなく、まだ、よくわかっていないこともあるのです。そこに現代の我々にも、『古今集』のあらたな解釈の余地が十分残されている、すなわち、我々が新たにあじわっていく余地があるのではないかと思われるのです。

六　表現のこころをあじわう（二）

では、もう一首、今度は季節の歌です。これは私がどう考えるかということを述べてみましょう。歌は春の歌です。

題しらず　　読人しらず

(19) 心ざし深くそめてしをりければ消えあへぬ雪の花と見ゆらむ　（巻一 春歌上 7）

ある人のいはく、前太政大臣の歌なり

この歌の後の「ある人のいはく、前太政大臣の歌なり」という説明が左注です。さて、解釈ですが、この歌は、「思いやる心を深く染みつかせて（　　　）ので、消え残った雪が花のように見えるのだろう」ということになります。問題は、この（　　　）として空所にしたところの「をりければ」です。この「をりければ」には古来から、「居りければ」と理解する説と、「折りければ」とする説の二つの考え方があります。それを現在比較的よく利用される注釈書について、整理すれば次のようになります。まず、「居りければ」説です。

(20) a ◇をりければ　古来「居り」「折り」二様の解釈がある。『古今集』では、解釈に必要な具体的状況を几帳面に詞書の中に記しておくのが常であるから、この歌の場合、「折り」と取るのは無理。　（奥村恒哉、日本古典集成）

b 「折りければ」の場合、花が咲いていない梅の枝を折ったことになって不自然であるうえに、たとえ風流の心から折ったとしても、折った後まで雪が「消えあへぬ」

というのはおかしい。
（片桐洋一、全評釈）

この説は、ほんとうは花の咲いていない梅の枝を折りとるということは不自然だし、もし折りとったとしても、その場合、折った際に雪は落ちてしまい、枝に付いた雪は残らないだろうというのです。そうなると「居りければ」を採ることになるわけで、「居る」とは〈座る、じっとする〉という意味ですので、その場合の解釈は次のようになります。

（21）◎花に対する思いをふかく心においてじっと待っていたので、立春になっても消え切らずに残っている雪が、梅の花のように見えるのであろうよ。（片桐洋一、全評釈）

枝を折りとったわけではないので、梅は近くになくてもよいことになりますから、遠い山の残雪が梅の花のように見えるという理解になるわけです。

一方、「折りければ」説は、次のように述べます。

（22）三句目を「居りければ」と解し、この句の雪を遠山の雪とする説もあるが、前の歌と同様に折り取った梅の枝におかれた雪と解する。人に梅を贈る時に添えた歌か、花瓶に生けられた梅を題として詠んだ歌であろう。

（小沢正夫、日本古典文学全集）

「折りければ」説は、梅の花を折り取っているので、花瓶に生けられたものと見ます（前の歌とは、（24a）の歌）。そこで次のような理解になります。

（23）◎私が深く心をこめて折りとったので、消えるはずなのに消えない雪が枝に残って、花と見えるのだろう。

（久曽神昇、学術文庫）

これについて、藤原定家の書写した本文は「折り」と書いているので、定家は「折りければ」という理解であったことになります【図15】。

心さしふかくそめてし折《おり》けれは　きえあへぬ雪の花と見ゆらむ

【図15】　伊達本『古今和歌集』7番歌

では、どちらの考え方がよいでしょうか。現状では「居りければ」説が若干優勢のように思います。が、私は、定家がそうしているからというわけではありませんが、「折りければ」ではないかと考えます。

「居りければ」説は、「花に対する思いをふかく心においてじっと待っていたので」という理解になるのですが、これにはおおいに疑問があります。花に対する思いが深いかどうかにかかわらず、『古今集』の歌では花は雪に見立てられ、逆に、雪は花に見立てられるのです。そういう例は多いので、代表的なものをあげておきましょう。

（24）
a　春たてば花とや見らむ 白雪《しらゆき》のかかれる枝《えだ》にうぐひすの鳴く　（巻第一 春歌上 6）
b　雪降れば木ごとに花ぞ咲きにける いづれを梅とわきて折らまし（巻第六 冬歌 337）
c　みよし野の山辺《やまべ》に咲ける桜花 雪かとのみぞあやまたれける　（巻第一 春歌上 60）
d　今日《けふ》来《こ》ずは明日《あす》は雪とぞふりなまし 消えずはありとも花と見ましや
（巻第一 春歌上 63）

（24a）は「春になったので、白雪がかかった枝を花と見間違えて鶯が鳴いている」、（24b）は「雪が降ると木ごとに花が咲く」ということで、雪を梅の花に見立てています。逆に、（24c）は「吉野の山に咲いている桜の花は、雪ではないかと見間違う」、（24 d）は「今日見に来なければ、明日は雪の降るように散ってしまうだろう」というように、花を雪に見立てているものです。いずれも「思う気持ちを深くして」というような条件はありません。わざわざ雪を花に見立てるのに「心ざし深く染めてし居りければ」という理由を持たなければならないということは考えにくいわけです。つまり、花に対する思いとは関係なく、このように花と雪はお互いに見立てられ、それが普通に詠まれるのです。そのように見ますと、「心ざし深くそめて」「居る」から、雪が花のように見えるのではないということになります。「居りければ」を採るのは難しいのです。

しかし、「折りければ」ですと、（20 b）の片桐洋一のいうように、「花が咲いていない梅の枝を折ったことになって不自然であるうえに、たとえ風流の心から折ったとしても、折った後まで雪が「消えあへぬ」というのはおかしい」という疑問が生まれます。それはどのように考えたらよいのでしょうか。まず、枝を折った時、ほんとうに枝に付いた雪は残らないのでしょうか。この歌の「心ざし深くそめてし折りければ」は〈私が深く心をこめて折りとったので〉という意味なのですが、これはどのような状況なのでしょうか。「心ざし深くそめてし」が、単に愛情があってという意味だとすれば、愛情があったから折りとっても枝の雪が消えなかったということは、現実にはありえません。ではどのような状況か。それは、「愛情を注ぎ心をこめてそっと折ったから」ということではないでしょうか。つまり、花瓶に挿された梅の枝に雪が残って花のように見えている、それは、愛情を注ぎ心をこめてそっと折ったからだろうということなのではないか、ということです。「枝に雪が積もって花が咲いたようになっている。このうつくしい花に愛情をこめて、散らないように、そっと折った。だから、依然、花のように見えているのだ」ということで、そうであれば、折った後でも雪は残るわけです。そして、この歌の構造からすると、（25 a b）の波線部が詠み手の推測している内容だと考えられるのです。

（25） a　心ざし深くそめてしをりければ消えあへぬ雪の花と見ゆらむ

この歌には「らむ」という語が使われていまして、これは現在の推量を表します。「消えあへぬ雪の花と見ゆ」という部分は詠者には見えている現実ですから、推量している内容にはあたりません。では、どういうことを現在、推量しているのでしょうか。それが、「心ざし深くそめてしをりければ」ということだと考えられるのです。訳をつければ次のようになるでしょう。

（25） b　雪がつもっている梅の枝に思いやる心を深く染みつかせて、そっと折ったからなのだろう、消え残った雪が花のように見えているよ。

おそらく雪の付いた梅の枝をかざった人は、うつくしい花に愛情をこめて、散らないように、そっと折ったのでしょう。ただ、そっと折ったとしても多少の雪は落ちますから、それを「消えあへぬ」〈消えきらない〉といったのではないでしょうか。

ただ、「らむ」がそのように理解できることは、一往確かめておいたほうがよいでしょう。

(26) a 駒《こま》並《な》めていざみにゆかむ故郷《ふるさと》は雪とのみこそ花は散るらめ (巻第二春歌下111)
〔馬を並べてさあ見に行こう。かつての都は雪とばかりに花は散っているだろう。〕

b 吹くからに秋の草木のしほるればむべ山風を嵐《あらし》といふらむ (巻第五秋歌下249)
〔吹くとすぐ秋の草木がしおれるので、なるほど、山風を「嵐」というのだろう。〕

c 久方《ひさかた》の光のどけき春の日に静心なく花のちるらむ (巻第二春歌下84)
〔日の光がのどかな春の日なのに、桜は、ゆったりと落ち着いた心がなくてなのだろう、花が散っているよ。〕

(26 a)はこれから見に行こうとするかつての都(奈良)の現在の姿を〈雪とばかりに花は散っている〉と推量してのものでしょう。(26 b)は「山風」と書いて「嵐」ということはもうわかっていることですから推量している内容ではありません。〈嵐は、山から吹き下ろすとすぐ秋の草木をしおれさせてしまうので〉ということを、「山風を「嵐」という」ことの理由として推量しているのです。（26ｃ）は「日の光がのどかな春の日に桜の花が散っている」ということは眼前の事実ですから推量内容ではありません。推量内容は「静心なく」で、桜の花が落ち着いた心を持っていないということを推量しているわけです。同様に考えれば、「消えあへぬ雪の花と見ゆ」が眼前の事実、そのようになっている理由としての「心ざし深くそめてしをりければ」が推量内容だと考えてよいでしょう。

この歌は、梅の枝に雪が付いて美しい花のようになっている姿と、その美しい花に愛情をこめて、散らないようにそっと折りとった人の心持ちに心を動かされた歌だと、私は理解します。いかがでしょうか。

おわりに

右に掲げた歌の解釈の当否は、もはや、読者のみなさんの判断にお任せするしかありませんが、大切なことは、『古今集』の解釈の余地はまだまだあるということです。みなさん御自身で『古今集』を読んでみて、そして、さまざまな解釈を考えてみるというのも、『古今集』をあじわうことのひとつであるということになるでしょう。手軽に入手できる『古今集』のテキストもいろいろとありますから、たとえば、文庫本でも一冊手に入れて、訳でもよいですから読んでみて、これまでの解釈をあじわいつつ、自分自身の解釈を考えてみてもよいでしょう。また、現代は電子的な環境が整っているのでwebなどで、あるいは、写真版の書籍もありますので、そういうものを利用して、『古今集』の本としての美しさ、和歌を書いた文字の美しさをあじわってみてもよいでしょう。

古典というものは、さまざまな形で多くの人にあじわわれながら受け継がれてきたものですし、そのようにして我々もあじわいながら、受け継いでいくことができるものではないかと思います。高校生は古典を国語の時間に読みますが、高校生だけでなく、多くのみなさんも、ぜひ古典をいろいろな形であじわってみてはいかがでしょうか。もちろん古典とは古いものですが、それを現代的なあじわいかたであじわっていくこと、それが古典の継承、文化の継承になっていくのです。

注釈書

西下経一『古今和歌集』（日本古典全書）朝日新聞社一九四八、佐伯梅友『古今和歌集』（日本古典文学大系）岩波書店一九五八、小沢正夫『古今和歌集』（日本古典文学全集）小学館一九七一、窪田章一郎『古今和歌集』角川文庫一九七三、奥村恒哉『古今和歌集』（新潮日本古典集成）新潮社一九七八、久曽神昇『古今和歌集（一）〜（四）全訳注』講談社学術文庫一九七九〜一九八三、小島憲之・新井栄蔵『古今和歌集』（新日本古典文学大系）岩波書店一九八九、小沢正夫・松田成穂『古今和歌集』（新編日本古典文学全集）小学館一九九四、竹岡正夫『古今和歌集全評釈』講談社一九九八／佐竹昭広他『万葉集』（新日本古典文学大系）岩波書店、片桐洋一『古今和歌集全評釈　古注七種集成』右文書院一九七六、片桐洋一『後撰和歌集』（新日本古典文学大系）岩波書店、久保田淳・平田喜信『後拾遺和歌集』（新日本古典文学大系）岩波書店

参考文献

石川九楊『ひらがなの美学』新潮社二〇〇七
大島正二『唐代の人は漢詩をどう詠んだか―中国音韻学への誘い―』岩波書店二〇〇九
亀井孝「春鶯囀」『国語学』39 一九五九（亀井孝『お馬ひんひん 語源を探る愉しみ』朝日新聞出版（朝日選書）一九九八、『亀井孝論文集3』吉川弘文館一九八四、所収）
小松英雄『やまとうた―古今和歌集の言語ゲーム―』講談社一九九四
小松英雄『古典和歌解読―和歌表現はどのように深化したか―』笠間書院二〇〇〇
小松英雄『みそひと文字の抒情詩―古今和歌集の和歌表現を解きほぐす―』笠間書院二〇〇四
山口佳紀『古代日本語史論究』風間書房二〇一一

文庫本

佐伯梅友校注『古今和歌集』岩波文庫、窪田章一郎校注『古今和歌集』角川文庫、高田祐彦訳『新版古今和歌集 現代語訳付き』角川ソフィア文庫、中島輝賢編『古今和歌集』角川ソフィア文庫（ビギナーズ・クラシックス）、小町谷照彦訳注『古今和歌集』ちくま学芸文庫

web

「e國寶―国立博物館所蔵 国宝・重要文化財」http://www.emuseum.jp/

和食の「おいしさの心理学」を学ぶ

坂井信之

5 和食の「おいしさの心理学」を学ぶ

坂井信之

はじめに

二〇一三年一二月に「和食：日本人の伝統的な食文化」がユネスコ無形文化遺産に登録されました。二〇一〇年の「フランスの美食術」「メキシコの伝統料理」「地中海料理」、二〇一一年の「ケシケキ（トルコ）の伝統」などに次ぐ、食では五番目の無形文化遺産となります。

この登録には私たちが普段の食事で使う「和食」という言葉以上の意味があります。無形文化遺産に登録されるためには、土地の歴史や生活風習などと密接に関わっている文化であり、保護され、尊重されるべきものという条件があります。つまり、無形文化遺産としての「和食」には、昔から各地域に根付いている食事および食風習も含まれているのです。このような意味において、「和食」を理解することは、栄養や健康だけでなく、日本文化を理解することにも繋がります。一方で現代日本人を取り巻く食の環境は大きく変わってきつつあり、特に若い人の食は和食から大きく離れたものとなっています。このままでは和食だけでなく、日本文化の伝承も危うくなると危惧し、色々なところで積極的に発言しようと思いました。ただ、誤解のないように申し上げておきますと、私は伝統的な和食を守るべきであると一方的に押し付けるつもりは毛頭ありません。ただ、「和食とは何か」「日本文化とは何か」と外国の方々にも話すことのできる知識を持ち、その上で、自らの文化や生活を築いてほしいと願っているだけです。

さて、「人文社会科学」になぜ和食？　と思われた方も、ぜひ「和食」を通じた日本文化理解という側面があることをご理解ください。本稿では和食を通じて食べることに関する心理学を中心に話を進めていきたいと思います。和食の文化的・歴史的観点については末尾の参考文献をご覧ください。

一　「和食」の特徴

さて、私は基礎ゼミ（東北大学の新入生が所属する学部に関係なく履修することのできる学際的なゼミ）で「和食の科学」という授業を実施しております。このゼミでは、「和食」の文化的側面だけでなく、栄養学や食物学、医学などの観点からも「和食」を論じ、総合的に理解することを目的としています。また、単に机上の学習をするだけでなく、調理実習や食文化研究家の方のお話を伺うことなどを通じて、自ら「和食」について考え、その知識を広めることのできる人材の育成を目指しています。

この基礎ゼミの授業の冒頭で、学生たちに「和食」について考えてもらいました。そうすると、次のようなイメージが多く挙げられました。

・和食はカロリーが低い
・和食は健康に良い
・和食は素材の味が活きている
・和食はおいしい

学生の持つこれらのイメージは農林水産省の定義している「和食の４つの特徴」にも含まれています。農林水産省は和食の特徴として

①多様で新鮮な食材と素材の味わいを活用
②バランスがよく、健康的な食生活
③自然の美しさの表現

④ 年中行事との関わり

の4つを挙げています（注1）。このようなイメージは世界的にも共有されており、世界中で「Washoku」は健康的な食事の代表的なものとなりつつあります。

しかしながら、だからといって、通常私たちが好んで食べている食事が健康的であるとは限りません。そもそも「和食」を毎日食べているという人はかなり少ないと思われます。

和食と日本食

さて、今更ながら、そもそも「和食」とは何を指すのでしょうか？ 前項に述べた基礎ゼミを準備するにあたって、いろいろと先行研究にあたってみましたが、古い書物には「日本食」という記述はあっても、「和食」という記述は全くといってよいほど記載がありません。あるとすれば、「和食・洋食・中華」というような日常生活用語としての記載くらいです。

また、世界文化遺産となった現在でも「和食」の定義は定まっておらず、厳密に定義することは難しいと考えられているようです。そのため、『昔ながらの日本型の食事の「一汁三菜」のスタイルの食事であれば「和食」と認め』られるのが現状です（堀・成瀬、二〇一五）。一方で、『日本で生産された食材を使い、日本で培われた独特の調理法で作られた料理』を和食とするという定義もあります（堀・成瀬、二〇一五）。しかしながら、例えば、典型的な「和食」のイメージのある豆腐の味噌汁でさえも、豆腐や味噌は中国由来のものであり、それらの原材料である大豆も多くは輸入されたものです。それにもかかわらず、豆腐の味噌汁は「和食」の典型例であることに異存のある人は少ないと思います。そのため、欧米の食材や料理を取り入れた食事や、様々な食材や調理法で作られた食事を含めて、日本料理全般を和食という場合もあります（石毛・鄭、一九九五）。本稿では以後、特にことわらない限り日本料理と和食を同じような意味で用いることとします。また後ほど述べますが、日本で食べられている食事という意味の日本食という表現も他にあります。

東北大学農学部の都築准教授らは、一九七五年頃の和食の成分を混合させた餌を摂取させたマウス（イエネズミ）は、通常の飼育食のみを摂取させたマウスに比べて、内臓脂肪が少なく、体重もそれほど増加しないことを報告しています。この実験では、一九六〇年頃、一九九〇年頃、二〇〇五年頃の各食事も用いられていますが、二〇〇五年頃の和食を餌に混入されたラットの体重の増加は非常に顕著でした。この結果から、和食自体が体に良いというのではなく、一九七五年頃のご飯、刺身、煮物、味噌汁、納豆などからなる和食は体によい可能性が高いと考えられます。また、このような和食の良さは、フライドチキン、フレンチトースト、ハンバーガー、コーラなどからなる米国食に比べて、肝臓の総コレステロールを低く保つ効果があることも報告されています。これらのことから、伝統的な和食は健康によい可能性が高いが、最近の欧米化した和食についてはよくわからないと言えるかもしれません。このような和食の変化については次項で取り上げます。

日本人の体格の変化と日本食の変化

今の医学の領域では、体格指数を肥満・健康・痩せの目安としています。お手間をおかけしますが、一度ご自身の体格指数を計算して見られてはいかがでしょうか？　ここで紹介するのはBMIと呼ばれる最も有名な体格指数です。BMIは体重（kg）を身長（m）の二乗で割り算することで算出できます。例えば身長一六〇cmの方の体重が五一・二kgだったとすると、51.2÷1.6÷1.6でBMIは二〇と算出されます。このBMIが一八未満だと痩せ、二五以上だと肥満と判断されます。また、最も健康的なBMIは二二～二三程度だとも言われています（注2）。

このように見ていくと、現在の日本人の肥満者の割合は男性が約三割、女性が約二割程度です（注3）。男性は四〇代～六〇代、女性は五〇代以降にピークがあります。もちろん、体格指数だけでは、健康か病気かの判断はできません。例えばBMIが同じ二八であっても、スポーツ選手のように筋肉や骨格が頑丈な人と、内臓脂肪がたくさん蓄積されている人では、同じ健康状態ではないはずです。このような問題はありますが、全体的（人口学的）に見ていくと傾向が推察されると期待されています。

ではこの肥満者が約三割というデータを世界的に見て、日本人は健康だと言えるのでしょうか？

肥満者が三割という数値からいうと、世界でも肥満者が多い方の社会になります。しかし、街を歩いている人の映像などから推察すると、海外の方がでっぷりとした大きい体格の方が多いような気がします。実際、海外の多くの国では肥満とみなす基準はBMIが三〇より大きいこととされています。そうすると、日本では肥満の基準を厳しくし、肥満者の割合を多めに見積もっているだけじゃないかとお考えの方もおられるかもしれません。しかし、この考えは必ずしも正しいものとは言えません。なぜかといえば、欧米人などの筋肉や骨の形成は日本人に比べて大きい作りになっているからです。そのため欧米人などの大柄な体格を維持するために必要な筋肉や骨の重量を勘案して、BMIが三〇以上を肥満とみなすということになっているのです。

さて、欧米人から見ると、和食と普段自分たちが摂取している食事を比較し、和食が健康的だというイメージなるのでしょう。一方で、現代日本人の食べている日本食は欧米化が進んでいます。欧米人の大きな体格を維持するための食事とも言える欧米食を、体格が比較的小さい日本人が摂取するのは健康的であるとはいえないでしょう。先に述べたように、日本人が普段取っている食事のことを日本食と呼びます。しかしながら、日本食は必ずしも和食と同じではありません。例えば、「豚生姜焼き弁当」は日本食であると多くの人が認めると思います。しかしながら、昔の日本では、牛や豚などの肉類はほとんど摂取しませんでした。そのため、伝統的な和食では、どちらかといえば魚料理が中心だったと考えられています。

一方で、「デミグラスハンバーグ弁当」はどちらかというと洋食の範疇だと考える人も多いでしょう。ある持ち帰り弁当店のメニューに記載されているカロリー量をこの二つで比較すると、前者は九五五Kcal、後者は八一二Kcalと、豚生姜焼き弁当の方がカロリーが多いのです。また、和食や日本食の含む塩分の多さは世界的にも有名です。これらは一例にすぎませんが、日本食だから、和食だからという理由だけで、健康によいとは一概には言えないようです。

さらに現代の日本食は日々変化し続けています。以前の生活では、日本人の多くは自宅で調理して自宅で食べるという内食と、自宅外で調理されたものを自宅外で食べる外食とがメインでした。ところが最近自宅外で調理されたものを自宅で食べるという中食（なかしょく）がメインになりつつあります。いわゆるお惣菜やお弁当のことです。特にコンビニエンスストアやスーパーマーケットが流通の主流となった一九七〇年代以降では、私たちの食事の中に占める中食の割合がかなり大きくなっています。また、現時点では内食に分類されているものにも、その味付けや調理のほとんどがなされている半調理済み食品などがあり、食の外部化がかなり進んでいることがわかります。このような流れが続くと、今後の日本食や日本人の健康が危うくなる可能性は高いと言わざるをえません。

外発反応性摂食と食べる量

少々悲観的な話になりましたが、私は和食が健康的であるのは、その内容だけでなく、食べ方にも要因があると考えています。このことを説明する前に、まずは次の質問に回答してください（坂井、二〇一六）。

・食べているものがおいしいと、いつもよりついたくさん食べてしまいますか？
・おいしいものを食べないで我慢することはできますか？
・おいしそうな食物をみたり、おいしそうな匂いを嗅いだりすると、ついそれらを食べてしまいますか？

一つ目の質問と三つ目の質問に「はい」、二つ目の質問に「いいえ」と回答された方は、心理学で「外発反応性摂食」という傾向が高い人かもしれません。私たちは「お腹が空いたから食べる」と思っていますが、それは正しくありません。多くの場合は、「お昼の時間だから」「夕食の準備ができたから」「うなぎの匂いがしたから」といった理由で食べ始めることが多いのです。そのとき、「お腹が空いている」という気になるため、「ちょうどお腹も空いていたし」と言い訳をしながら食べてしまうのです。実際はお腹が空いていなくても食べてしまうという行動は心理学の実験を通じて、たくさん例示されています。一つ有名な実験例を紹介しましょう。

アメリカ合衆国にあるコーネル大学のワンシンク教授たちのグループは、「底なしボウル」という名前の装置を開発しました。このボウルはスープボウルの形をしているのですが、底に穴が開けてあり、チューブが繋げられています。実験参加者がそのスープボウルからスープを食べると、少なくなった分だけ、チューブを通してスープがボウルに補給されます。つまり、いくら食べても、スープボウルには最初と同じ分だけのスープが残っている状態になるのです。さて、このような装置からスープをお腹いっぱい食べた時の量と、普通のスープボウルから同じスープをお腹いっぱい食べた時の量とを比べると、前者は後者の約二倍になることがわかりました。ワンシンク教授らのグループは他にも、ビュッフェ形式の食事の時に、大きなお皿に盛り付けた場合は、小さなお皿を使った時に比べて、一・五倍以上もたくさん食べてしまうこと、骨つきのフライドチキンの食べ放題のお店で、客が食べたチキンの骨をこまめに回収した時には、骨をそのままにしておいた時に比べて、よりたくさんのチキンを食べることなども明らかにしています（ワンシンク、二〇〇七）。

これらの実験結果から、私たちは自分のお腹が空いているか、それともお腹いっぱいになったかは、体の内部の情報だけでなく、美味しそうな食物の匂いや見た目、あるいは見た目で感じられる食べた量などによってもコントロールされていることがわかります。心理学では、これらの現象をまとめて「外発反応的摂食」と呼んでいるのです。外発反応性摂食では、実際の体の状態に関係なく、足りないとか満たされたと言った心理的な満腹感が私たちの摂食行動をコントロールしていると考えられています。

二　和食の食べ方

さて、和食の話に戻りましょう。このような目で和食を見ると、興味深いことが発見されます。和食の作法の一つに「銘々皿」というものがあります（石毛、二〇一五）。銘々皿とは自分が使う皿や椀などの器（特に茶碗が多い）を決めていて、専用とするということです。これは他人と共用することに穢れを感じるという日本人の気質が反映されたものだと考えられています。

同じように、「銘々膳」という作法も和食にはよく見られることです。銘々膳とは、予め料理を料理人が取り分けていて、食べる人は銘々の前に用意された膳と向かい合い食べるという風習です。もちろん、この風習は和食に限定されるものではありません。高級なフレンチのコースでもそうですし、海外でもレストランで食べるときはこのような風習が見られます。しかしながら、日本以外の文化圏の家庭料理では大皿に盛り付けられた食べ物を皆で分けて食べるという風習の方がメジャーなのです。一方、日本人は普段の家庭で食べるときも銘々膳という風習をもって、予め取り分けられた分だけ食べることが多いでしょう。この食べ方は世界的に珍しい風習だと言えます。

さて、この予め取り分けられた分を食べるということを深く考えて見ましょう。先に述べましたように、私たちは自らの空腹・満腹に関係なく、あるだけ食べてしまうという行動特性を持っています。そうすると、大皿に盛られた料理を分けて食べるという場合、皿に料理が残っている間、それを食べたいという気持ちはなかなか収まりません。また、さらに大皿に盛り付けられた場合、自分が食べた量がよくわからないので、「まだ食べられるけど、これくらいでやめておこう」という判断ができた場合でも、いつもよりたくさん食べている可能性もあります。一方で、銘々膳の場合、予め与えられた量が決まっているので、自分が食べた量が把握できますし、目の前の皿が空になると、自然に満足感も芽生えてきます。万が一それでも足りない場合には、もう一皿頼まなければいけません。普段の食事を考えてみてください。わざわざ立ってお代わりに行ったり、人のものまで取って食べたり、メニューを確認してもう一品追加で頼んだり、それほどの手間をかけて食べる人は多くはないと思われます。そのため、肥満や疾病などで摂取量が制限されている場合、少量ずつ皿に盛ることで自然に摂取量を減らすことができると期待されます。まずはご飯の茶碗を小さくすることから始めてみてはどうでしょうか?

日本人の食を取り巻く危機

先にも述べたように日本食や和食を取り巻く状況は危機に面しています。銘々膳という個人的な食事習慣を持っていながら、日本人は家族全員で食事を取るという習慣も合わせて持っていました。欧米の文化が入ってきた戦後では、ちゃぶ台や食卓を家族全員で囲むという習慣も強くなりました。

しかしながら社会の状況の変化から、家族全員で食卓を囲む文化はなくなりつつあります。このような現象は孤食や個食と呼ばれています。後ほど理由を述べますが、この二つはいずれも食文化を危機に晒す原因だと考えられていますが、それぞれの意味合いは少し違います。

孤食は、一人で食事を摂ることを意味しています。例えば、両親が仕事などで食卓を一緒にできないため、子ども（たち）だけで食事を摂らなければならない家庭も多くあるようです。孤食の問題の一つに一人で食べると食が進まないということが挙げられます。アメリカ合衆国で行われた研究から、成人男性でも、一緒に食事をする人（以下共食者）の数が増えれば増えるほど、摂取量や摂取カロリーがふえるということがわかっています。この理由の一つには、社会的促進という心理学的現象があると考えられています。例えば、街にゴミがあるときに、誰かがゴミを拾っている状況を見ると、自分もついゴミを一緒に拾うようになるというような行動のことです。誰かが食べているると自分もついつられて食べてしまうというわけです。先に述べたように、お腹が一杯になったとか、空腹だとかは体の状態のみに依存するのではなく、時間や他人、見た目や香りなどの要因によって大きな影響を受けます。そのため、孤食の状況では、自分一人ではお腹が空いていると思えずに食べなかったり、食べても少し食べただけでお腹いっぱいになった気分になったり、食事中に他のことに興味を移して途中で食べるのをやめたりするかもしれません。これでは必要な栄養分を十分に取ったり、バランスの取れた食事を取ったりするのは難しいでしょう。一方、一緒に食べる人がいる場合、その人が食べ始めるとつられて食べ始めたり、一緒に食べる人が食べ終わるまで一緒に食べ続けたりという行動が見られます。このような共食の効果は、「つい食べ過ぎてしまう」という大人には逆効果かもしれませんが、子どもの規則正しい食習慣の形成には良い効果をもたらすと期待できます。

一方、個食は仮に誰かと一緒に食卓を囲んでいたとしても、各々がバラバラの食事を摂っていることを意味します。反対に誰かと一緒に同じものを分けあって食べるという行動には、「同じ釜の飯を食う」といった表現に現れるように、その相手との連帯感や一体感が生じます。さらに、同じテーブルで同じ食事を分け合って食べる状況では、その食事に関する話題で会話が盛り上がることも多いでしょう。また、人間は自分と同じ行動をとる人に対して親近感や好意を感じることも心理学的に知られています。家族が同じテーブルに着いているのに、各自バラバラなメニューを食べているのを見ると違和感を感じるのは、その家族に一体感や連帯感を感じられないためかもしれません。

さらに、孤食と個食に共通する問題点も多くあります。例えば、孤食や個食を続けていると、子どもが食習慣や食事マナーなどをきちんと形成できなくなります。箸の持ち方や器の上げ下げなど、誰にも教えられなければ、子どもは自分のやりやすい方法を編み出します。また、季節や年中行事に関連する食習慣も形成されなくなります。孤食や個食の状況で、「栄養にいいから」と言って自分の嫌いなものを率先して食べることもないでしょう。そうすると、自分の好きなもの、食べたいものばかり食べて、偏食が進み、結果として健康状態を損なう可能性もあります。孤食や個食の習慣は、子どもの発達に大きな影響を与えるのです。

子どもだけでなく、高齢者にも孤食や個食が同じような影響を与えることは容易に想像できます。高齢者の方のうち、単身で生活している世帯の割合は約一六％、高齢の夫婦のみで生活している世帯は約三八％で、両方合わせると五〇％を超えます（注4）。加齢とともに空腹感や満腹感は感じにくくなることが生理学的に知られているので、高齢者の方の食事の開始と停止は外発的になりがちです。このような状況では、誰かと一緒に食べるという習慣が、良い食習慣の維持に非常に大きな役割を果たします。今後超高齢化社会が進む日本社会において、孤食や個食が大きな社会問題となっていくことでしょう。

日本食独特の作法 - 音を立てながら食べる

日本食の食べ方の特徴的なものの一つに「音を立てながら食べる」という行動があります。外国人の方は、日本人が蕎麦やラーメンをすすっているのをみて、無作法だと思われることも多いようです。なぜ、日本人は音を立ててすするのでしょうか？

真っ先に思いつくのは、熱いものを食べるにはすすらないとやけどをしてしまうから、という理由です。音をたててすするということは、食べ物といっしょに空気を取り込む行動です。空気の温度は熱い食べ物の温度よりも低いわけですから、たくさんの空気に触れさせることで、熱い食べ物の温度を下げて、食べられる温度に調整しているのです。一方で海外の習慣では、熱いものをすすって食べるという行動は少なく、お皿やスプーンなどの形を工夫することによってできるだけ温度を下げて、口の中にいれるという行動を取っています。海外のスープ皿やスープスプーンの形が平べったく広いのは、できるだけ表面積を広くすることで、温度を効率的に下げるという効果があるからです。日本でラーメンを食べるときに、レンゲに麺やスープを入れて少しずつ食べるという行動もその効果を利用したものと言えます。

もちろん、日本人だから生まれつき熱いものを好むというわけではありません。そもそも動物は一般的に熱いものを好みません。いわゆる猫舌です。私たちの体はたんぱく質でできており、特に口や胃の表面の粘膜ようにデリケートな部分は、熱によるたんぱく質変性を受けやすくなっています。お茶の玉露は六〇℃で抽出すると一番おいしいことが知られています。私たち日本人は玉露を飲むと、熱いというよりも丁度良いあるいはぬるいと感じます。しかし、考えてみてください。例えば六〇℃のお湯に手をつけると熱すぎて痛く感じるはずです。温泉などで熱いと感じるお湯も、四〇℃を少し超えるくらいのはずです。つまり通常であれば六〇℃のお湯は私たちの体を構成するたんぱく質を変性させるので、避けるべきという本能的な反射が生じます。しかし、私たちは六〇℃の玉露を、上手に空気を混ぜ合わせて口の中にいれることによって、温度を下げながら飲むことが可能になっているわけです。このようにすするという行動には、熱いものを上手に食べるための工夫という意味があります。

しかしながら、よく考えると、日本人は熱くないざるそばもすすって食べる習慣を持っています。私はあるテレビ番組に協力する形で、この現象を研究しました。その結果、すすって食べることには、食べ物の温度を下げるという効果だけでなく、食べ物の香りを際立たせる効果もあることがわかりました。食べ物を口の中に入れると、食べ物に含まれる香気成分が口の中に広がります。多くの空気を口からすすると、食べ物を飲み込んだあとに、鼻から勢い良く空気が吐き出されます。そのときに、口の中に広がっていた食べ物の香気成分もいっしょに鼻に届けられます。その結果、すすることによって食べ物の香りが際立って感じられるのです。そば通の人は「そばは香りを味わう」と言いますが、そのためには上手にすすることが重要なのです。

他にも日本人はたくあんなどの漬物も音を立てて食べます。音を立ててではなく、音は立ってしまうのでは？　と思われる方もおられるかもしれません。では試しに、たくあんをゆっくり時間をかけて噛んでみてください。あまり音は立たないはずです。実際、お寺の修行などでは、たくあんを食べるときも音をだしてはいけないと指示されることもあるそうなので、不可能ではないはずです。ではもう一度たくあんを音を出しながら食べてみましょう。同じたくあんでも、音を立てながら食べたときの方が、ポリッ、カリッと歯ごたえがよく感じられたのではないでしょうか？　同じような現象はポテトチップスを食べるときにも見られます。イギリス・オックスフォード大学の心理学者スペンス教授らのグループがおこなった実験では、実験参加者にポテトチップスをマイク付きの無音ブースで食べてもらいました。そのとき、ポテトチップスを噛んだときの音をマイクで拾い、その音を実験参加者の着けたヘッドホンに流します。このとき、高周波の音をカットした音声をヘッドホンから流すと、ポテトチップスが湿気たように感じられることが明らかとなりました。そのため、ポテトチップスのカリッとした食感には、パリッという高い音が重要であることがわかります。おそらく同じ現象がたくあんを食べるときにもみられ、カリッ、ポリッという音が聞こえると、歯応えがよく感じられるのでしょう。音を立てながら食べるという行動には、このような意味もあったのです。

三　和食の中心「うま味」

次に、和食の「素材の味を活かす」という部分について考えてみましょう。刺身のように生のままで食べたり、薄味で素材の持つ味や食感を生かすという調理法は、世界的に見ても珍しい食習慣だと言えます。なぜ和食はこのような特徴を持つようになったのでしょうか？　また、それを美味しいと感じる日本人の感性には、海外の人に比べてどのような違いがあるのでしょうか？

最初に「味覚」について簡単にまとめてみましょう。日常用語ではなく、医学や心理学の分野で定義されている味覚は、舌や軟口蓋（上顎の奥の柔らかい部分）、咽頭・喉頭部（のどの奥から食道に繋がる部分）に存在する味蕾という感覚器官で受け取られた情報に基づく感覚を指します。もう少し細かく説明すると、私たちが食べた食べ物の成分は噛み砕かれ、そのうちの一部は唾液に溶け込み、味蕾の先端まで運ばれます。味蕾には数個の味細胞が存在し、それらの先端には味覚受容器があります。味覚受容器に化学物質が吸着すると、味細胞が活動し、その電気活動は味神経を通じて、脳へと伝達されます。このときに味覚が生じるわけです【図1】。

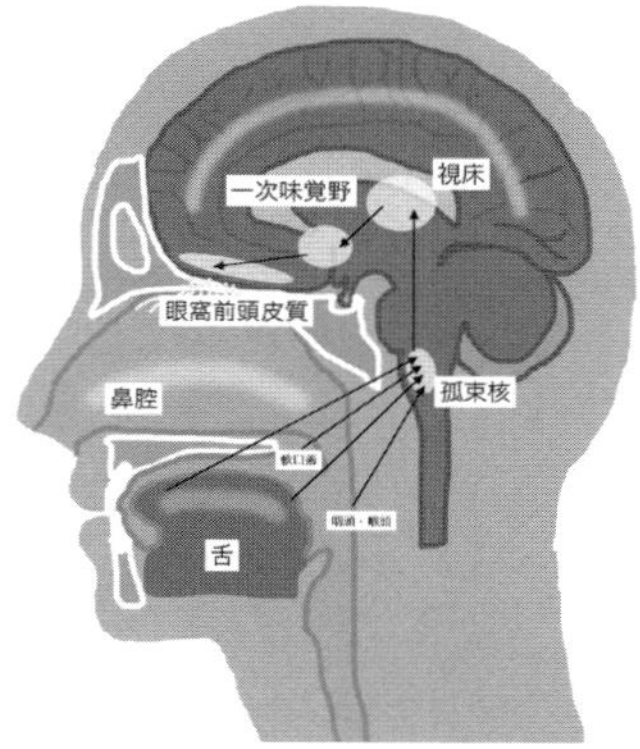

【図1】　舌から脳への味覚伝導路。

もっともよく知られている感覚である視覚を例にして、考えてみましょう。光はレンズを通過し、眼球の奥の網膜に達します。網膜には視細胞があり、それらが光を受け取ると、電気信号を生じ、その電気信号は視神経を通じて脳へと伝達されます。味覚では、光が化学物質、網膜が味蕾、視細胞が味細胞にそれぞれ相当します。

視細胞は主に明るさを感じる桿体細胞と赤、緑、青のそれぞれの波長に最も感度の高い三種類の錐体細胞があります。すべての錐体細胞が活動すると白色、すべての錐体細胞が反応しないと黒色など、三種類の錐体細胞の活動パターンによって知覚される色が決定されます。

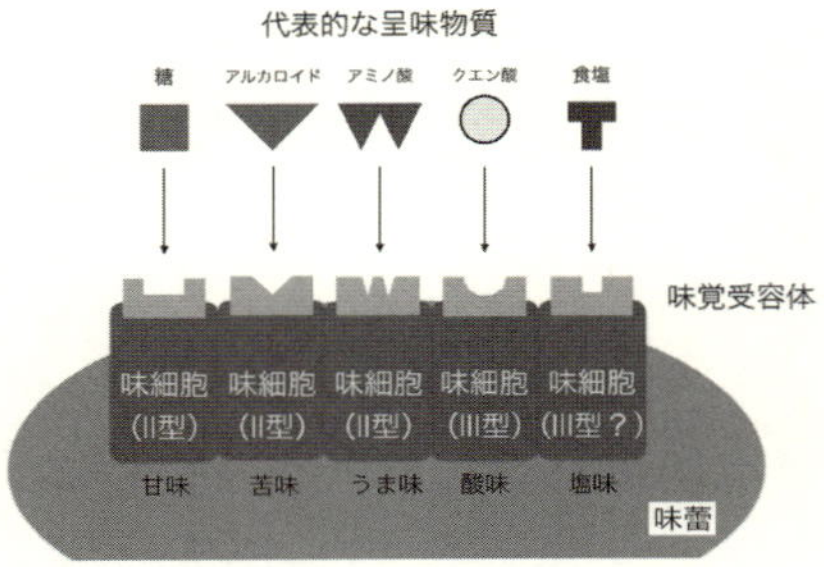

【図 2】 味覚受容体と呈味物質の関係。

味細胞の場合は、主に糖を検知する甘味受容体を持つ甘味細胞、アミノ酸を検知するうま味受容体を持つうま味細胞、ナトリウムやカリウムなどを検知する塩味受容体を持つ塩味細胞、有機酸などを検知する酸味受容体を持つ酸味細胞、ニコチンやカフェインなどを検知する苦味受容体を持つ苦味細胞があると考えられています。視細胞と同じように、これらの受容体の活性化パターンによって、様々な味が作り出されると考えられています【図2】。

これらの味は医学や心理学の分野では五基本味と呼ばれており、

5基本味	信号	代表的な物質	好嫌
甘味	エネルギー源（糖質）	ブドウ糖、スクラロース、アルパルテームなど	好き
旨味	体の材料（アミノ酸・核酸）	グルタミン酸、イノシン酸、グアニル酸など	好き
塩味	ミネラル源	食塩	低濃度：好き 高濃度：嫌い
酸味	未熟な果実・腐敗したもの	クエン酸、酢酸など	嫌い
苦味	毒性（アルカロイドなど）	カフェイン、ニコチン、テオブロミンなど	嫌い

【図3】 五基本味の内訳と意味。

それぞれに生物学的な意味があると考えられています【図3】。生物のエネルギー源である呼吸に必要である糖は甘い味を呈するので、甘味は生まれつき好ましい味です。同じように生物の体を構成する元となるアミノ酸の呈するうま味も好ましい味です。また、生物の活動に必要な生物電気を生じさせるためにナトリウムやカリウムなどのイオンが必要となるので、塩味も好まれる味の一つです。ただ、高濃度のイオンを一度に摂取すると、体のミネラルバランスが崩壊する（脱水症状になるなど）危険性があるため、ある濃度以上の塩味は生まれつき忌避される傾向にあります。また、腐ったものや未熟な果物などの呈する酸味や毒物や消化できないものの呈する苦味など、その味のするものを大量に摂取すると生命に危険があるような味も生まれつき忌避される傾向にあります。

このように基本味は人にとって、生き続けるために摂取すべき生理的要素と、よりよく生き続けるために忌避すべき要素を区別させるという重要な意味を持っています。しかしながら、長い間基本味は甘・塩・酸・苦の四つしかないと考えられてきました。うま味については今から二〇年ほど前にようやく基本味として認められるようになったのです。そのうま味の基本味への仲間入りには日本人研究者が多大な貢献をしてきました。

和食は出汁をきちんと取るのが基本です。きちんとした出汁を使うことで、火を通す時間を最低限にすることができ、その結果、奥深い味の中に素材の持つ味や食感を引き出すことが可能になります。一方、出汁を取らないまま和食の調理をおこなうと、味気のないおいしくない食事しかできません。日本人は古くから経験的にこのことを知っていました。そのため、出汁の構成要素にはおいしいと思わせる要素が入っていると考え、研究を続けたのです。最初に出汁の構成要素を見つけたのは東京帝国大学の池田菊苗教授でした。今から約百十年前の一九〇八年のことでした。池田教授は昆布だしからグルタミン酸を抽出し、その味が甘・塩・酸・苦の四つのどれにも含まれないことから、うま味（umami）と名付けました。その後、池田教授の薫陶を受けた日本人研究者の活躍により、鰹だしのうま味はイノシン酸、椎茸だしのうま味はグアニル酸などが主成分であることが発見されました。一九九〇年代になると、うま味を検知するうま味受容体の構造が明らかとなり、完全にうま味が他の基本味から独立していること、うま味が味細胞によって検知されていることなどが分子生物学的に証明され、晴れて五番目の基本味と認定されることになりました。日本人の長年の食文化が科学的大発見へと繋がったのです。

だからといってグルタミン酸を中心とするうま味は日本人しかわからないというわけではありません。グルタミン酸はいわば植物系のうま味物質です。他にもトマトやセロリ、ネギ、あるいは母乳など多くの食材に含まれています。また、和食を初めとする食文化ではこれらの食材を出汁やスープの材料として、そこに肉や魚などの食材を入れて煮ます。肉や魚にはイノシン酸などの動物系のうま味物質が多く含まれており、植物系のうま味物質とお互いの味を強め合う相乗効果を見せます。このような調理はフランス料理ではフォン、中華料理ではタン（湯）として、いろいろな料理でベースとなるものです。和食だけがグルタミン酸を使っているわけではなく、多くの食文化でグルタミン酸はベースとなっています。にも拘らず、このベースに注目して、それを主役へ駆り出したのは、和食が足し算ではなく、引き算の味付け文化であったこととも関係します。「出汁を引く」という言葉があるように、和食では素材からベースの味を引き出すものです。一方、他の食文化では、ベースの味は多くのものを足して足して、その結果としていつの間にか出てくるという味付け法が多いです。池田教授がグルタミン酸を発見できたのは、和食で育った日本人ならではの着眼点ゆえだったのかもしれません。

「そばは香りを味わう」という意味

さて、先ほど冷たいそばもすするのは、香気成分をたくさん取り入れて、香りを際立たせるためと述べました。このことが味わいとどのように関係するのでしょうか？　ここには私たちの不思議な「味覚」の感覚が深く関係しています。

アメリカ合衆国の耳鼻咽喉科学会の統計によりますと、「味覚がおかしい」と言って来院される患者さんをきちんと診察すると、味覚は正常である場合が六割くらいあるそうです。ほとんどのケースでは嗅覚に障害がみられ、味覚は正常であっても、嗅覚に異常があると、「味覚がおかしい」という自覚になることが報告されています。

ここまで極端ではないにしても、似たような経験は多くの方がお持ちのはずです。例えば風邪をひいて鼻が詰まっている場合、花粉症で鼻が利かない場合などに、ご飯の味が変わったように感じたはずです。これらのケースは、嗅覚が正常でない状態では、味が変わって感じられることを意味しています。さて、ではなぜ嗅覚が味に関わっているのでしょうか?

ではまず無果汁の味付き炭酸水を準備してください。最近は「レモン味」の炭酸水もコンビニなどでよく見かけますね。さて、鼻をつまんで飲んでみてください。何の味もしない普通の炭酸水ですね。次に鼻を開けたまま飲んでみてください。きちんと「味」がしますね。では製品ラベルの原材料名を見てみましょう。何味かに関係なく、原材料は炭酸水(あるいはミネラルウォーターと炭酸ガス)と香料と書いてあると思います。

このような例は他にもあります。例えば無果汁のゼリーや無果汁のカキ氷用シロップなど、無果汁のフルーツ味の製品には果汁の代わりに香料が必ず入っています。果汁入りの商品でも、香料は入っているものの方が多いはずです。この香料こそが「味」の元なのです。もちろん、原材料のブドウ糖果糖液糖やクエン酸はそれぞれ甘さや酸っぱさの素です。でも、これらの呈味物質はどの商品にもほぼ同じ濃度（量）が含まれています。味の違いは香料が違うだけと言っても良いくらいです。つまり、私たちが「レモン味」と呼んでいるのは、「レモンの香り」を勘違いしているというわけです。

ちなみに香りには二種類に分けられます。鼻先で感じる香り（アロマと表現することが多いようです）と口の奥から感じる香り（フレーバーと表現します）です。専門的には前者は吸気とともに鼻孔（鼻の穴）を通ったにおい物質が鼻腔の上端に位置する嗅上皮と呼ばれる器官で受け取られた時に生じる前鼻腔性嗅覚と呼ばれるものです。後者は口や喉の奥（咽頭や喉頭）に残っていた食べ物の残り香が呼気とともに嗅上皮に運ばれた時に生じる後鼻腔性嗅覚と呼ばれるものです【図4】。味覚と間違われるのは後者の後鼻腔性嗅覚の方が多いようです。

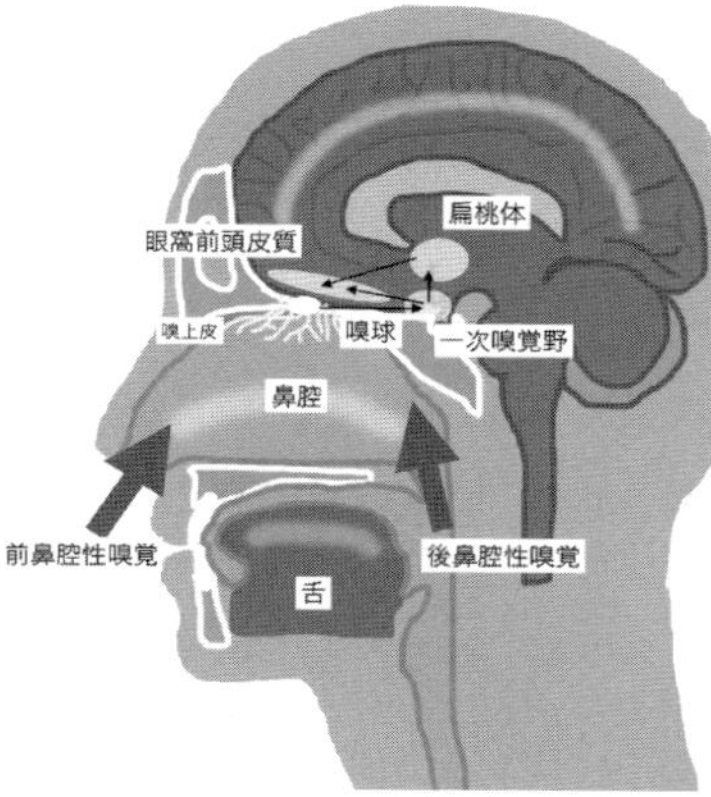

【図4】 鼻から脳への嗅覚伝導路。

さて、香りと味との勘違いの背後にはいくつもの心理学的な現象が見られます。例えば私たちがレモンの香りを嗅いだ時に「甘酸っぱい」と感じるのは、自身の食経験を通じて嗅覚と味覚の間に共感覚を形成しているからだと考えられています。共感覚とは本来別々の感覚が同時に生じているように感じられる現象のことを指します。多くの場合は生まれつきの脳の構造に起因するのですが、嗅覚と味覚の間の共感覚は多くの人に生後の経験を通じて獲得される学習性のものだと考えられています。つまり、味覚と嗅覚が融合しているため、香りを嗅いだだけで味がしたように感じられるのです。この共感覚を利用した製品の一つが無果汁のジュースです。

さらに、最近この現象を応用して、ＱｏＬ（Quality of Life）を向上させようとする試みもたくさん行われています。例えば、加齢や疾病とともに味覚が低下し、食べ物の美味しさが損なわれ、その結果食欲も失われることが多くあります。また、生活習慣病のために、糖分や塩分の摂取を制限されている人も多くおられます。これらの人の食べ物の味や美味しさを向上させるために、嗅覚によって味覚を補おうとする試みです。例えば和食では、醤油やカツオぶしの香りを強めると感じられる塩味やうま味が強くなることが知られています。香りを強める方法も、先に述べた香料を使うこともありますが、香料を添加することに抵抗のある方も多いでしょう。また、調理の途中で香りを強めるような調理法もあるのですが、普通の家庭ではなかなか難しそうです。

そこで、家庭でもできる簡単な方法を紹介しておきたいと思います。コツは香りは温度や湿度が高いと感じられやすいということです。そこで、椀物などは調理後すぐに蓋をし、食べる直前に蓋を取って食べると良いでしょう。調理後食べ物が温かいうちに蓋をすることによって、椀のなかに香りと湿気が充満し、蓋を開けた途端に食べ物の香りがたち、味を強める効果が期待されます。また、おそばのように、熱くないものでもすすって食べることも効果的だと思われます。もちろん、一緒に食べている人が嫌がる場合はできませんが、一人の時や、気の置けない人と一緒の場合には、試してみることもできるでしょう。

さらに、私たちが食べ物を味わっている時には tactile capture と呼ばれる現象も見られます。心理学では視覚優位性（visual capture）という現象が有名なので、それに基づいて日本語に翻訳すると触覚優位性となるでしょうか。簡単に言えば、口の中にものがあると、それらから味が生じていると勘違いするということです。

例えばオレンジ味の小さいゼリーと同じ形のイチゴ味のゼリーを一緒に口の中に入れます。そして、口の中に幾つかあるゼリーの中からオレンジ味のゼリーだけを取り出してみてください。非常に難しいはずです。例えば、味のついているゼリーと味のついていないゼリーを口の中に一緒に入れて、味のついているゼリーだけを取り出してくださいという心理学の実験では、実験参加者は味のしないゼリーからも味を感じ、どれが味がしてどれが味がしないかの識別が全くできなかったと報告されています。

例えば、以前ダイエット法として流行したご飯粒の形をしたコンニャクを混ぜて炊いたご飯のことをこの現象から説明してみましょう。ご飯粒からはご飯の味がしますが、コンニャクからは味はしません。しかしながら、tactile captureの現象から、ご飯粒からもコンニャクからも同じようにご飯の味がすると考えられます。そうすると、ご飯の味はそのままで摂取するカロリーを減らすことができるというわけです。先に述べた味付きの炭酸水も同じです。炭酸水に香料を混ぜただけのものですが、口の中に炭酸水があることによって、実際は味はせずに香りしかないのですが、actile captureの現象から、その炭酸水から味がするように勘違いをするのです。

蕎麦の場合も同じです。蕎麦自体には基本味を生じさせる呈味物質はほとんど含まれていません。さらに、そば通の人が嗜む水そば（ツユではなくそばを水に浸して食べること）にいたると、出汁の味さえありません。あるのはそばの香りだけです。それでも、蕎麦を食べると蕎麦の味がするように感じるのは、tactile captureが生じていて、香りを味と間違えてしまうからです。

この現象を上手に応用すると、粒状の食べ物であればそのうちいくつかは味がしないものを入れておいても感じられる味はそのままで、糖質や塩分を低減させることができるでしょう。また蕎麦の例ように、素材の持つ香りを味として感じさせたりすることもできるようになるでしょう。薄味の食べ物を美味しいと感じさせる和食のコツはここにあるのです。

食における勘違い

食における勘違いは、香りや食感を味と勘違いすることだけではありません。例えば唐辛子やワサビを食べた時の感覚を日本語ではどちらも辛いと表現します。しかしながら、唐辛子とワサビの間には大きな違いがあります。唐辛子の辛味成分はカプサイシンと呼ばれる物質で、カプサイシンが私たちの体に接触すると、TRPV1チャネルという受容体で受容されます。TRPV1チャネルは四三℃以上の高い温度刺激にも反応するため、TRPV1チャネルが活性化すると私たちは熱感を感じます。一方、ワサビの成分はアリルイソチオシアネートと呼ばれる物質でカプサイシンと同じTRPV1チャネルも活性化させますが、主にTRPA1チャネルによって受容されます。TRPA1チャネルは十七℃未満の低い温度刺激にも反応します。このような仕組みの違いは、唐辛子は温かいものに入れてあればより辛く感じられ、ワサビは冷たいものに入れてあれる方がより辛く感じられるという私たちの普段の経験からも理解できそうです。日本語ではこれらの感覚をまとめて辛いと表現していてその違いに気付きにくいのですが、英語では前者はhot、後者はsharpという言葉で表現を分けて区別しています。いずれの感覚も正確には味覚ではなく触覚の一部なのですが、前項で述べたtactile captureのために、味として感じられます。

また食に関連する大きな誤解に、舌の位置で感じられる味が違うという味覚地図説があります【図5】。味覚地図説を簡単に説明すると、舌の先の方で甘味を感じ、舌の奥で苦味を感じるという

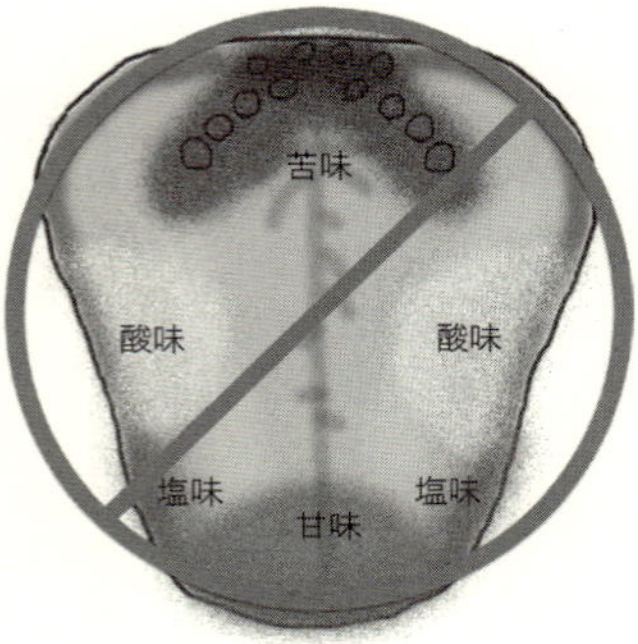

【図5】 誤っている味覚地図。

説です。この説は現代の科学知識では否定されています。舌の先でも舌の奥でも同じように甘・塩・酸・苦の四基本味は同じように感じられることが証明されています。もう一つの基本味のうま味については舌の奥の方が若干敏感だとされていますが、舌の先でもうま味を感じることができます。ただ舌の奥の方が少ないうま味物質の量も感じやすいというだけの話です。

とはいえ、味覚地図説が誤っているという知識を持っている私でも、日常生活では味覚地図説通りに感じてしまうことがあります。よく考えてみると、甘そうなクリームやあんこは舌先から舐めることが多く、苦い薬や嫌いなものはできるだけ舌で触れずに飲み込もうとする行動がその原因ではないかと思えてきます。このことについてはまだ科学的な実証はされていませんが、おそらく日常生活での経験が味覚地図説通りなので、私たちは誤った味覚地図説をきちんと検証しないまま、鵜呑みにしてしまうのでしょう。

さらに、もう一つ大きく重要な誤解は、美味しさは食べ物の持つ特性だという考えです。もちろん、多くの人が美味しいと思うもの、不味いと思うものはあります。でも、基本的に美味しさは食べ物の特性ではなく、人間が食べ物を食べた時に感じる知覚や感情なのです。このことを一番良く理解できているのは食べ物を作る人でしょう。「今日は上手にできた」と思っていても、食べる時に喧嘩をしてしまったらまずく感じるでしょう。反対に「今日は手抜きでいいや」という時でも、意外とおいしく感じられたということもあるでしょう。例えば、手巻き寿司や手作り餃子のように皆でワイワイと作業をしたり、野外に出てバーベキューや芋煮会などで食べたりするとたいへん美味しく感じられます。また、悩み事があるときは何を食べても美味しくないし、反対に嬉しいことをお祝いする場では何を食べても美味しく感じます。これらの例に見る通り、美味しさは食べ物の持つ特性ではなく、食べ物をきっかけとして生じる知覚であったり、感情であったりするわけです。このことを誤解してしまうと、究極の美味しさを持つ食べ物を作ろうときりのないチャレンジに至ったり、これは美味しいはずだという独りよがりの思いを抱いたりするわけです。これについて次項でも詳しく見ていきます。

四　日本人にとっての和食の意味

和食を食べると、中華や洋食を食べた時とは違って、懐かしく、安心できるという感情が生じるという人も多いかと思います。日本人にとって和食はどのような意味を持っているのでしょうか？

このことについて、感情という観点から少し考えてみましょう。

人間は、ライオンのように肉だけ、あるいはウシのように野菜だけ食べていれば良いというわけではありません。肉や野菜など広い範囲の食べ物から必要な栄養素を補給することが必要です。とはいえ手当たり次第になんでも御構いなしに食べてしまうと、毒や消化できないものを食べてしまう危険性もあります。そのため人間には食物新奇性恐怖という本能が備わっています。初めて食べるものに対して、人間はそれが危険か安全かわからないため、摂取を躊躇します。また、食べるとしても初めての時はごくわずかだけしか食べず、その後に不都合が生じなければ、次にもう少し食べるというような習性を持っています。この習性を心理学では食物新奇性恐怖と呼んでいます。この食物新奇性恐怖は人間に限らず動物、特に雑食性動物であるサルやクマ、ネズミなどにも共通して見られます。

食物新奇性恐怖は、いわば食わず嫌いのことで、子どもの偏食の一因でもあると考えられています。この食物新奇性恐怖は、特殊なトレーニングをしなければ解消できないというわけではなく、ただ単に新しい食べ物に多く接触する経験を積むことで解消できます。このような経験を心理学では単純接触効果と呼んでいますが、現実の生活では食べ物に対して単純接触効果を経験させるのは非常に難しいことです。なぜかといえば、わざわざ新しい食べ物にチャレンジしなくても、これまで食べてきた食べ物を食べてさえいれば少なくともこれまでと同じように生きていけるからです。この食物新奇性恐怖は自分で食べ物を食べられるようになる離乳食時期に顕著に見られます。

一方で、胎児や乳児の時期には、母親が摂取した食べ物の味や香りの情報が子どもに伝播することも知られています。母親が妊娠中あるいは授乳時期に実験的に摂取した食べ物の味や香りの情報は、胎児には羊水を通じて、乳児には母乳を通じて伝えられます。その子どもたちが離乳時期になった時、母親が実験的に摂取した風味を持つ新しい食べ物に嗜好を示すという研究結果がアメリカ合衆国モネル化学感覚研究所の心理学者メネル博士らから報告されています。この研究では母親に実験的に摂取させた味や香りの効果が検証されましたが、同じようなことは日常生活でも生じているはずです。つまり、妊娠中あるいは授乳中の女性が摂取している食べ物の味や香りの情報は、彼女たちの子どもたちに伝えられているのです。もちろん子ども本人は自分がそれらの食べ物を摂取したという明確な記憶はありませんので、潜在的な嗜好として形成されます。例えば母親が妊娠中あるいは授乳期間中に出汁の効いた和食を好んで摂取していたら、その子は初めて和食の味に触れたときでも、食物新奇性恐怖を感じることなく、好んで食べることでしょう。この潜在的な味の記憶が、私たちが和食を摂取した時の懐かしさや安心感につながるのかもしれません。

日本人にとっての和食の意味は、このような日常生活に基づく心理学的な現象に基づいていると考えられます。幼い頃を思い起こさせるような懐かしいイメージ、母親を連想させるような安心感など、いずれも無意識のうちに形成された幼い頃の記憶に基づくものです。残念ながら和食の味は日本人の DNA に刻まれているわけではなさそうです。生まれる前からの経験による無意識の記憶であるため、そのような表現がなされるのかもしれません。

おわりに

現代の和食は日々大きく変化しています。以前私たちが女子大学生を対象に行った調査では、「おにぎり・コンビニのチキンの素揚げ・コーンスープ」というメニューを「和食」の例として挙げた学生が複数いました。彼女たちにとっては「ご飯」を食べることが和食の定義になっているようです。さらに、多くの実家暮らしの学生が出汁をとった経験もなく、日常的に出汁を使った料理を食べていないこともわかりました。冷蔵庫や食品庫にさえ、出汁昆布や鰹節のストックがない家庭もたくさん見かけられました。このような日常を過ごしている学生たちが親世代になった時に、和食の文化を次世代に伝えられるかどうかわかりません。

また、女性の社会進出や家庭の構造変化などから、家庭で作って家庭で食べるという内食が中心だった日常の食事も、外食の頻度が増えてきています。さらに、外で作られたものを家庭で食べるという中食の割合も、最近飛躍的に増加しています。家族が食べているものから作っていた離乳食さえも、既製品を使う家庭も多くあります。これらの動向を考えると、家庭での和食の文化継続だけでなく、日本社会全体で和食の継承についても考えていく必要があります。冒頭に述べた「和食の世界無形文化遺産への登録」もこのような社会の変化を汲み、和食の文化の継続を憂慮したものでした。私が基礎ゼミで和食の授業を始めようと思ったきっかけも、このような思いにあります。また、食育や味覚教育という形で、小学生の頃から和食の教育を始めようという動きも強まってきています（石井他、二〇一六）。

では普段の生活でどのようなことに気を配ればよいのでしょうか。まずは、和食の世界無形文化遺産への登録を期に、これからは和食を食べるときに少し意識して食べるようにしてみましょう。できれば出汁の味にこだわってほしいものです。その味わいの時に本稿で書いたような心理学的なバックグラウンドも合わせて思い出していただければ、その味わいもより深まると思います。

【注】

1　農林水産省「「和食」がユネスコ無形文化遺産に登録されました！」ホームページ（http://www.maff.go.jp/j/keikaku/syokubunka/ich/）

2　日本生活習慣病予防協会ホームページ（http://www.seikatsusyukanbyo.com）

3　厚生労働省「健康日本21（第二次）分析評価事業」ホームページ（http://www.mhlw.go.jp/seisakunitsuite/bunya/kenkou_iryou/kenkou/kenkounippon21/eiyouchousa/keinen_henka_shintai.html）

4　内閣府「平成26年版高齢社会白書」ホームページ（http://www8.cao.go.jp/kourei/whitepaper/w-2014/zenbun/index.html）

【参考文献】

石井克枝・ジャック　ピュイゼ・坂井信之・田尻泉『ピュイゼ　子どものための味覚教育　食育入門編』講談社、二〇一六年
石毛直道『日本の食文化史　旧石器時代から現代まで』岩波書店、二〇一五年
石毛直道・鄭大聲編『食文化入門』講談社、一九九五年
堀知佐子・成瀬宇平『和食の常識Q&A百科』丸善出版、二〇一五年
坂井信之『香りと見た目で脳を勘違いさせる　毎日が楽しくなる応用心理学』かんき出版、二〇一六年
ブライアン　ワンシンク（中井京子訳）『そのひとクチがブタのもと』集英社、二〇〇七年

執筆者紹介

FONGARO Enrico（エンリコ・フォンガロ）
東北大学大学院文学研究科／哲学・美学

CRAIG Christopher Robin Jamie
（クリストファー・クレイグ）
東北大学大学院文学研究科／日本史

齋　藤　智　寛（さいとう・ともひろ）
東北大学大学院文学研究科／中国宗教思想史

大　木　一　夫（おおき・かずお）
東北大学大学院文学研究科／日本語学

坂　井　信　之（さかい・のぶゆき）
東北大学大学院文学研究科／心理学

人文社会科学講演シリーズⅨ

わたしの日本《ニッポン》学び

My learning in "Nippon"

Lecture Series in Humanities and Social Sciences Ⅸ

2017 年 12 月 15 日　初版第 1 刷発行

編　者／東北大学大学院文学研究科
　　　　講演・出版企画委員会

発行者　久　道　　茂

発行所　東北大学出版会
〒 980-8577　仙台市青葉区片平 2-1-1
TEL：022-214-2777　FAX：022-214-2778
http://www.tups.jp
E-mail:info@tups.jp

印　刷　東北大学生活協同組合
〒 980-8577　仙台市青葉区片平 2-1-1
TEL：022-262-8022

ISBN978-4-86163-294-5 C1020
定価はカバーに表示してあります。
乱丁、落丁はおとりかえします。

読者の皆様へ

大学の最も重要な責務が教育と研究にあることは言うまでもありません。しかし、その研究から得られた成果を広く一般に公開し、共有の知的財産とすることも、それに劣らず重要なことのように思われます。このような観点から、東北大学大学院文学研究科では、従来よりさまざまな講演会を開催し、教員の日々の研究の中から得られた新たな知見を中心として、一般の方々に興味を抱いていただけるような種々の研究成果を広く公開して参りました。幸いなことに、私どものこのような姿勢は、多くの方々に支持を得てきたところです。この度創刊する人文社会科学講演シリーズは、本研究科による研究成果の社会的還元事業の一環として企画されたものです。本シリーズを通して、講演を聴講された方々はあの時あの場の感動を追体験していただけるでしょうし、聴講の機会を得られなかった方々には、新たな知見や興味ある研究成果に触れていただけるものと思います。本シリーズが、そのような役割を果たすことができたならば、私どもの喜びこれに過ぐるものはありません。読者の皆様のご支援を心よりお願い申し上げます。

2006 年 3 月　東北大学大学院文学研究科出版企画委員会